코로나는 기회다

BOOK
JOURNALISM

코로나는 기회다

발행일 ; 제1판 제1쇄 2020년 12월 14일

글 ; The Guardian 역자 ; 전리오·최혜윤 발행인·편집인 ; 이연대

주간 ; 김하나 편집 ; 정세영 제작 ; 강민기

지원 ; 유지혜 고문 ; 손현우

펴낸곳 ; ㈜스리체어스_서울시 중구 삼일대로 343 9층

전화 ; 02 396 6266 팩스 ; 070 8627 6266

이메일 ; hello@bookjournalism.com

홈페이지 ; www.bookjournalism.com

출판등록 ; 2014년 6월 25일 제300 2014 81호

ISBN ; 979 11 90864 61 9 03300

이 책은 영국 《가디언》이 발행한 〈The Long Read〉를 번역 및 재구성했습니다. 북저널리즘은 영국 《가디언》과 파트너십을 맺고 〈The Long Read〉를 소개합니다. 〈The Long Read〉는 기사 한 편이 단편소설 분량이라 깊이 있는 정보 습득이 가능하고, 내러티브가 풍성해 읽는 재미가 있습니다. 정치, 경제부터 패션, 테크까지 세계적인 필진들의 고유한 관점과 통찰을 전달합니다.

BOOK
JOURNALISM

코로나는 기회다

The Guardian

: 지금의 세계는 끔찍할 정도로 낯설다. 단순히 코로나19 확산 때문은 아니다. 코로나 위기를 겪으며 아무리 거대한 무언가도 언제든 달라질 수 있다는 사실이 드러났다. 불안하면서도 해방감을 주는 이 단순한 진실은 쉽게 잊힐 수 있다. 우리는 지금 영화를 보고 있는 것이 아니다. 우리는 모두 함께 영화의 시나리오를 쓰고 있다.

차례

레베카 솔닛(Rebecca Solnit)은 미국의 저술가이자 비평가, 역사가다. 1980년대부터 환경, 반핵, 인권 운동에 참여해 왔다. 저서로 《남자들은 자꾸 나를 가르치려 든다》, 《걷기의 역사》, 《이 폐허를 응시하라》 등이 있다. '맨스플레인(man+explain, 여자를 가르치려 드는 남자의 속성을 의미하는 단어)'이라는 신조어를 유행시켰다.

역자 최혜윤은 한양대학교에서 커뮤니케이션을 공부하고 미국 뉴욕 주립대 스토니브룩(Stony Brook)에서 실험심리와 인지과학을 전공했다. 인간, 기술, 문화의 융합 이슈에 많은 관심이 있으며 현재 연세대학교 의과대학에서 뇌와 행동을 연결시키는 뇌인지과학 분야를 연구하고 있다.

1 불가능은 이미 일어났다

두려움 속 변화의 가능성

재난은 갑자기 시작되고, 절대 완전히 끝나지 않는 법이다. 다가올 미래는 여러 가지 중요한 측면에서 코로나19 발병 전과 같지 않을 것이다. 특히 우리의 경제와 우선순위, 세상을 향한 인식은 올해 초와 다를 수밖에 없다.

구체적 면들을 살펴보면 더욱 놀랍다. GE와 포드Ford 같은 기업들은 인공호흡기를 생산하기 위해 설비를 개편했다. 사람들은 보호 장비를 차지하려고 쟁탈전을 벌이고 있다. 한때 북적이던 도시의 거리는 조용하고 텅 비었으며, 경제는 급격히 침체되고 있다. 멈춰서면 안 됐던 것들이 멈췄다. 불가능하다고 여겨졌던 일들, 가령 노동자 권리와 혜택이 늘어나고 수감자가 석방되고, 미국에서 수조 달러에 이르는 돈이 유통되는 상황이 이미 일어났다.

'위기crisis'라는 단어는 의학적으로 환자가 맞닥뜨린 갈림길, 즉 회복하거나 죽음을 맞이해야 하는 지점을 의미한다. '긴급emergency'은 '탈출emergence' 혹은 '나오다emerge'에서 파생된 단어로, 누군가 익숙한 환경에서 벗어나 급박하게 재정비할 필요가 있는 상황을 뜻한다. '재앙catastrophe'이라는 단어의 어원은 갑작스러운 전복을 의미한다.

우리는 갈림길에 서 있다. 정상이라고만 여기던 상황에서 벗어나게 됐다. 갑자기 상황이 뒤집어졌다. 지금 해야 할 가장 중요한 일은 지금 이 순간 우리에게 요구되는 게 무엇이며, 또 어떤 일들이 가능할지를 이해하는 것이다. 최소한 아프지 않고, 코로나 방역의 최전선에 서 있지 않으며, 생계나 주거의 어려움을 겪고 있지 않다면 말이다.

재난disaster은 원래 '박복하거나ill-starred', '운이 없다under a bad star'는 의미를 가졌다. 하지만 최근에는 세상과 재난을 보는 관점이 바뀌고 있다. 관심을 갖고 중요하게 여기던 사안들도 달라지고 있다. (코로나라는) 새로운 압박에 허약한 것들은 무너지고 강한 것만 버티며, 숨겨져 있던 면이 드러나고 있다. 변화가 단순히 일어나는 데 그치지 않고, 우리를 휩쓸어 내고 있는 것이다. 우리는 죽음을 자각하고 삶과 생명의 소중함을 깨우치며 우선순위를 바꾸고 있다. 심지어 학교 친구나 직장 동료와 떨어져 지내며 새로운 현실을 낯선 사람들과 공유하는 상황은 '우리'라는 단어의 정의조차 바꿀 수 있다. 일반적으로 우리는 우리를 둘러싼 세계에서 스스로를 느끼고 살아간다. 하지만 바로 지금, 모두가 각자 다른 모습을 찾아가고 있다.

판데믹이 일상을 뒤엎으면서 내 주위의 사람들은 집중력과 효율을 유지하는 데 어려움을 겪고 있다고 토로했다. 집중력 저하는 지금과 다른, 보다 더 중요한 일을 하고 있기 때문이라고 생각한다. 병이 낫거나 임신했을 때, 아니면 유년기의 급격한 성장이 일어날 때 육체는 많은 일을 하고 있다. 아무것도 하고 있지 않아 보일 때에도 특히 그렇다. 의식하지 않은 사이에도 몸은 성장하고, 치유하고, 재생하고, 변화하고, 일하고 있다. 우리가 코로나라는 끔찍한 재난의 과학과 통계를 알아 가기 위해 고군분투할 때, 정신은 그에 준하는 무언가를 하고 있다. 엄청난 사회·경제적 변화에 적응하고 재난이 주는 교훈을 깨달아 가며, 스스로를 예상치 못한 세상에 대비시키고 있는 것이다.

재난이 보여 준 권력의 민낯

재난이 가르쳐 준 첫 번째 교훈은 모든 것이 연결돼 있다는 사실이다. 실제로 재난은 연결의 충돌 과정이다. 1989년 미국 샌프란시스코 지진부터 9.11 테러와 허리케인 카트리나, 2011년 동일본 대지진과 후쿠시마 원전 사고까지 크고 작은 재난에 대해 글을 쓰면서 알게 된 점이다. 엄청난 변화의 순간이 오면, 우리는 정치, 경제, 사회뿐 아니라 생태계 시스템까지도 더 명확하게 바라보게 된다. 그 안에 들은 강한 것과 약한 것, 썩어 버린 것, 중요한 것과 중요하지 않은 것들까지 알아챈다.

나는 종종 이러한 변화의 시기가 봄철 해빙기와 비슷하다고 생각한다. 마치 얼음이 부서지고 물이 다시 흐르기 시작해, 배들이 겨울 동안 닿을 수 없었던 곳들을 오가는 것과 같다. 여기서 얼음은 안정되고 이익 집단이 쉽게 바뀔 수 없다고 여겨지는 권력 구조의 현재 상태status quo다. 이 구조가 빠르고 극적으로 변한다면, 짜릿하거나 두려울 수 있다. 아니면 두 가지 느낌을 모두 가질 수도 있다.

권력 구조가 무너지면 그동안 가장 많은 혜택을 누렸던 사람들은 인간의 생명을 보호하기보다 그 상황을 유지하거나 그대로 다시 세우는 데에 더 집중한다. 미국 보수주의자와 대기업들은 (코로나 확산에도 불구하고) 주식 시장을 위해 노동자들이 직장으로 되돌아가야 한다고 주장했다. 노동자의 죽음은 주식 시장을 살리기 위해 치를 만한 대가쯤으로 여겼다. 또 위기 상황에서 권력자들은 더 많은 권력을 잡으려 하고, 부자들은 더 많은 부를 추구하기도 한다. 미국 트럼프 정권의 법무부는 코로나 사태가 벌어지자 국민들의 헌법상 권리를 제한하려고 했다. 미국 공화당 소속 상원의원 두 명은 코로나 확산과 관련한 내부 정보를 활용해 주식 시장에서 부당 이득을 얻으려고 해 비난을 샀다(두 의원은 모두 혐의를 부인하고 있다).

재난 연구자들이 사용하는 '사회 지도층의 공황 상태 elite panic'라는 용어가 있다. 사회 지도층이 일반 시민들은 잘못된 행동을 할 것이라고 가정하고 대응한다는 의미다. 사회 지도층이 공황 상태가 지속되고 약탈이 일어나고 있다고 표현하는 거리를 보자. 실제로는 평범한 시민들이 살아남기 위해서나 다른 사람을 보살피기 위해서 필요한 행동을 하는 경우가 많다. 때에 따라 위험한 상황에서 재빨리 빠져나오려고 하는 게 현명한 행동일 수 있고, 배급 물자를 모으는 행위가 이타적일 수도 있다.

사회 지도층이 인간의 생명과 공동체보다 자신의 이익과 재산을 우선시하는 경우가 있다. 1906년 4월 18일 대지진이 샌프란시스코를 강타하고 며칠이 지나자, 미군은 평범한 시민들이 위협적이며, 무질서의 원인이라는 확신을 갖고 시내로 진격했다. 당시 샌프란시스코 시장은 약탈자들을 '죽이기 위한' 사격 명령을 내렸다. 군인들은 스스로 질서를 바로잡고 있다고 믿었다. 하지만 군인들이 실제로 했던 일은 도시전체에 화재가 번지도록 하고 명령을 어긴 시민들을 향해 총을 쏘거나 폭력을 휘두른 행위에 불과했다. 심지어 주민들의 집과 마을이 불타게 놔두라는 명령도 있었다. 이런 일은 99년후에도 그대로 반복됐다. 허리케인 카트리나의 상처 속에서뉴올리언스의 경찰과 백인 자경단은 재산과 권위를 방어한다는 명목으로 흑인들을 사살했다. 지방과 주 정부, 연방 정부는대부분 가난하고 흑인이었던 고립된 주민들을 도움이 필요한재난의 희생자가 아니라, 억누르고 통제해야 할 위험한 적으로 여겼다.

또 주류 언론은 앞다퉈 카트리나 직후 일어난 약탈 상황을 집중 보도하는 데 힘을 쏟았다. 이 때문에 대기업 체인점에 쌓인 각종 제품들은 음식과 깨끗한 물이 필요한 사람들이나 지붕에 매달린 채 남겨진 할머니들보다 더 중요한 것으로 보였다. 당시 재난에 휩싸인 1500명에 가까운 사람들은 허리케인이 아니라 잘못된 정부 탓에 목숨을 잃었다. 육군 공병대가 쌓은 제방이 무너졌음에도 불구하고, 가난한 사람들을 위한 시 차원의 대피 계획은 없었다. 게다가 조지 W. 부시 정부도 신속하고 효과적인 구호 활동을 하지 못했다. 문제는 현재에도 그때와 같은 일들이 일어나고 있다는 점이다. 브라질의 한 야당 의원은 우파 성향인 자이르 보우소나루Jair Bolsonaro 대통령에 대해 "수익 유지만 걱정하고 국민의 생명에 전혀 관심이 없는 그릇된 경제 단체들의 이익만 대변하고 있다"고 말했다. (보우소나루 대통령은 노동자와 경제를 함께 보호하기 위해 노력하고 있다고 주장한다.)

공예품 프랜차이즈 기업 하비라비Hobby Lobby를 소유하고 있는 한 억만장자 전도사는 코로나로 영업 중지 명령이 내려졌을 때 직원들을 일터에 두라는 신의 인도를 받았다고 주장했다(10월 현재 모든 점포의 영업은 중단됐다). 트럼프 대통령의 후원자인 억만장자 리차드 울레인Richard Uihlein과 리즈 울레인Liz Uihlein이 소유한 기업 유라인Uline은 위스콘신의 직원들에게 "여러분의 증상과 추측을 동료들에게 말하지 마십시오. 직장을 불필요한 공황 사태에 빠뜨릴 수 있습니다"라고 공지했다. 급여 관리 회사 페이첵스Paychex의 설립자인 억만장자 톰 골리사노Tom Golisano 회장은 "경제를 지금처럼 폐쇄적으로 유지하면서 일어날 수 있는 (금전적) 피해는 사람을 조금 더 잃는 것보다 심각할 수 있다"고 말했다. (골리사노 회장은 이후 자신의 발언이 잘못 전해졌다며 사과했다.)

역사적으로 이 세상에는 생명을 하찮게 여기는 산업계 거물들이 늘 있어 왔다. 이들은 노동자들을 착취하고 위험한 탄광으로 내몰았다. 심지어 아이들까지도 죽을 만큼 힘든 노동 현장으로 내보내는 사업체를 제약 없이 운영하기 위해 뇌물을 뿌려 댔다. 또 어떤 이들은 기후 변화 위기를 알면서도 무시하며 화석 연료를 추출하고 사용했다. 부富는 세상의 흐름에서 벗어날 수 있게 해줬다. 적어도 사회 전반의 모습과 분리될 수 있다는 믿음을 갖게 했다. 그래서 부자들은 보수 성향을 갖기 쉽고, 보수주의자들은 본인의 경제적 지위와 상관없이 부자들의 뜻에 동조하는 경우가 많다.

모든 것이 연결되어 있다는 개념은 보수주의자들에게 모욕적이다. 보수주의자들은 개척자들이 가진 '각자도생'이라는 환상을 따르기 때문이다. 가령, 자동차와 굴뚝 매연이 장기적으로 농작물과 해수면 상승, 산불 발생에 영향을 주고 나아가 세상의 운명을 결정지을 수 있다는 기후 변화의 과학적 논리야말로 보수주의자들에겐 엄청난 모욕인 셈이다. 만약 모든 것이 연결돼 있다면, 모든 선택과 행동, 발언이 낳을 결과까지 고려해야 한다. 통상 이런 생각은 실천적 사랑love in action으로 여겨지는데, 보수주의자들은 이를 절대 자유에 대한 침해라고 본다. 여기서 말하는 보수주의자들의 자유는 사리사욕 추구에 절대 제한이 없어야 한다는 의미를 지닌다. 근본적으로 보수주의자와 기업의 리더 상당수는 과학을 알기 싫은 성가신 존재쯤으로 여기고 있다. 심지어 그중 일부는 과학적 규칙과 사실들도 자유 시장에 나온 상품처럼 마음대로 선택하거나 바꿀 수 있다고 주장한다. 《뉴욕타임스》의 캐서린 스튜어트Katherine Stewart 기자는 "이렇게 과학과 비판적 사고를 부정하는 종교에 독실한 극단적 보수주의자들의 견해가 현재 미국의 코로나 위기 대응에서 문제시되고 있다"고 보도했다.

미국과 영국, 브라질을 비롯한 많은 나라의 정치 지도자들은 판데믹의 불길한 징조를 깨달으려는 의지가 거의 없다. 방역이라는 가장 중요한 일을 실패한 그들의 주된 관심사는 이제 실패를 부인하는 일이 될 것이다. 또 경제 붕괴를 필수적으로 동반하는 판데믹이 필리핀, 헝가리, 이스라엘과 미국에서는 권위주의적인 권력 장악의 기회가 되고 있다. 이는 현재 가장 큰 문제와 해결책 역시 정치적이라는 사실을 일깨워주고 있다.

변화의 힘

폭풍이 지나가면 시야를 가리고 있던 먼지들이 모두 깨끗이 씻겨 나가, 그 어느 때보다도 멀고 선명하게 볼 수 있다. 코로나라는 지금의 이 폭풍이 걷히면, 심각한 질병이나 사고에서 살아남은 사람들처럼 우리가 어디에 있었고, 어디로 가야 하는지를 새로운 시각으로 볼 수 있을 것이다. 우리는 단단한 얼음에 갇혀 있던 현재 상태에서는 불가능해 보이는 방식으로 자유롭게 변화를 추구할 수 있다. 그렇게 된다면, 우리는 개인과 공동체, 생산 시스템, 그리고 미래에 대해 완전히 다른 감각을 갖게 될 것이다.

　　많은 선진국 국민들을 생활 공간에서 가장 즉각적인 변화를 느끼고 있다. 사람들은 집에만 머무르며 다른 사람들과의 접촉을 피해 왔다. 학교부터 직장, 회의, 휴가, 운동 시설, 볼일, 파티, 술집, 클럽, 교회, 이슬람 사원, 유대교 회당까지 사람들은 바쁘고 분주한 일상과 거리를 뒀다. 철학자이자 신비주의자인 시몬 베유Simone Weil는 멀리 사는 친구에게 "우정으로 촘촘히 엮인 이 거리를 사랑하자. 서로를 사랑하지 않는 사람들은 헤어져 있지도 않으니까"라고 쓴 적이 있다. 사람들은 서로를 보호하기 위해 서로에게서 물러났다. 그리고 물리적 거리 두기가 필요한 상황에서도 사회적 취약 계층을 도울 방법을 찾아냈다.

친구이자 기후 운동가인 레나토 레덴토 콘스탄티노 Renato Redentor Constantino는 필리핀에서 이렇게 보내 왔다. "지금 우리는 인류를 이렇게 오랫동안 생존할 수 있게 해줬던 사랑의 표현을 매일 목격하고 있다. 우리 주변은 물론 다른 도시와 여러 나라들에서 용기와 시민 의식이 불러일으킨 대단한 행동들을 접하고 있다. 이런 모습은 스스로 포기하지 않고 폭력과 무관심, 오만한 태도에도 흔들리지 않는 굳건한 사람들이 (소위 지도자라는 사람들이 간절히 바라는) 일부 반사회적인 행동들을 결국 극복할 수 있다는 사실을 알려준다."

우리 모두는 어떻게 연결돼 있을까. 우리는 어떻게 움직였을까. 우리에게 필요한 여러 제품들은 어떻게 여기저기를 오갔을까. 더 이상 코로나 감염을 피하려고 노력하지 않아도 될 때, 이런 의문을 다시 떠올릴 수 있을지 궁금하다. 아마도 우리는 대면 접촉의 가치를 더 인정하고 감사히 여길 것이다. 각자의 발코니에서 함께 노래를 부르거나 의료진에게 박수를 치던 유럽인들은 교외에 모여 노래하고 춤을 췄던 미국인들과는 다른 종류의 소속감을 갖게 될 것이다. 일용할 양식을 만들고 식탁에 가져다주는 노동자들에게 새로운 존경심을 갖게 될 수도 있다.

멈춰진 삶이 아무리 힘들더라도, 다시 바쁘게 여기저기 돌아다니고 싶지는 않을 것이다. 어쩌면 정적이 흐르는 지금 세상의 분위기가 더 지속될 수도 있다. 의약품, 의료 장비와 같은 필수 방역품들이 다른 대륙에서 생산되는 시스템에 대해서도 다시 생각해 볼 수 있다. 제때 물건이 도달하지 않는 불안정한 공급 체계도 다시 따져볼 수 있다. 신자유주의 시대를 특징짓는 민영화 물결은 인간이 더 이기적이 되고 공동체 의식과 사회적 유대감에서 멀어지면서 시작됐다. 다함께 코로나와 맞선 경험이 민영화의 물결도 바꾸길 바란다. 각자가 어떻게 이 세상에 속하고 무엇에 의존하고 있는지를 새롭게 깨닫게 되면, 기후 위기를 막을 의미 있는 행동이 더 강하게 나타날 수 있다. 갑작스럽고 엄청난 변화가 가능하다는 사실을 이제는 배웠기 때문이다.

영국의 시인 윌리엄 워즈워스William Wordsworth는 200여 년 전에 "우리는 모으고 쓰며 힘을 낭비한다"고 썼다. 세상의 모든 사람들에게 충분한 음식과 옷, 쉼터, 의료 교육이 충분한지는 개인이 어떤 일을 하고 얼마나 돈을 버는지에 달려 있지 않다. 어쩌면 지금이 이런 사실을 깨닫는 순간일 수 있다. 아직도 이를 확신하지 못하는 사람들에게는 코로나 확산이 보편적 의료 시스템과 기본 소득의 필요성을 보여 주고 있을 것이다. 재난의 여파 속에서 의식과 우선순위의 변화는 강력한 힘을 가진다.

절대 일어날 수 없었던 일들

이제껏 대부분 20세기 재난에 대해 썼지만, 조금 더 거슬러 올라가면 흑사병과도 비교할 수 있다. 흑사병은 유럽 인구의 3분의 1을 전멸시켰고, 영국에서는 전쟁세와 임금 제한에 항의하는 농민들의 봉기로 이어졌다. 노동자들의 봉기는 결국 진압됐지만, 농민과 노동자들에게 더 많은 권리와 자유를 가져다주는 계기가 되기도 했다.[1] 마찬가지로, 지난 3월 미국에서 통과된 긴급 법안을 통해 많은 노동자들이 병가와 관련한 새로운 권리를 얻었다. 일부 지역에서는 노숙자 숙소 제공 등 우리가 불가능하다고 확신했던 많은 일들이 이뤄졌다.

아일랜드는 병원을 국유화했다. 아일랜드의 한 기자가 "절대 일어나지 않을 것이고, 일어날 수도 없는 일"이라고 언급했던 사안이다. 캐나다는 실직자들을 위해 4개월치 기본 소득을 마련했다. 독일은 그보다 더 많은 기본 소득을 제공했다. 포르투갈은 판데믹 동안 이민자와 망명 신청자들을 온전한 시민으로 대우하기로 결정했다. 미국에서는 강력한 노동 항쟁과 그 결과가 나타났다. 홀푸드Whole Foods, 인스타카트Instacart, 아마존Amazon의 노동자들은 판데믹 동안 안전하지 않은 환경에서 일하도록 강요하는 회사 방침에 항의했다. 덕분에 홀푸드는 코로나 검사에서 양성 반응을 보인 직원들에게 2주간의 전액 유급 휴가를 제공했다. 인스타카트는 직원과 손님들의 안전을 보호하기 위해 변화를 주었다고 발표했다. 아마존은 안전에 관한 '가이드라인'을 따르고 있다고 밝혔다. 50만 명에 이르는 크로거Kroger 식료품점 직원들을 포함하여 일부 노동자들은 새로운 권리와 임금 인상을 얻었다. 15개 주 법무장관들은 아마존에 유급 병가 확대를 요구했다. 이러한 구체적 상황들은 우리 사회가 가졌던 재정 여건이 충분히 변할 수 있다는 사실을 분명하게 보여 준다.

그러나 재난의 가장 두드러진 결과는 즉각적이거나 직접적으로 나타나지 않을 때가 많다. 2008년 금융 위기는 2011년 '월가를 점령하라Occupy Wall Street' 시위로 이어졌다. 이런 움직임은 주택 담보 대출과 학자금 대출, 영리 목적의 대학 교육, 의료 보험 제도 같은 경제적 불평등이 사람에게 끼치는 영향을 새롭고 정밀하게 조사하도록 이끌었다. 또한 민주당이 미국을 더욱 공정하고 평등하게 만들 수 있는 진보적인 정책을 내도록 한 엘리자베스 워런Elizabeth Warren과 버니 샌더스Bernie Sanders의 지명도를 높이는 결과도 나타났다. 전 세계의 '점령하라Occupy' 운동과 '자매 시위'들이 촉발한 사회적 대화들은 지배 세력에 대한 보다 비판적이고 세밀한 조사와 함께 경제 정의에 대한 더 강한 요구도 불러일으켰다. 공공 영역의 변화는 개인의 내면에서 시작한다. 그리고 세상의 변화는 개인의 자아 감각, 우선순위, 가능하다고 생각하는 일의 범위에 큰 영향을 미친다.

우리는 이제 겨우 코로나라는 재난의 초기 단계에 있다. 아직도 낯선 정적만 흐른다. 독일군과 영국군이 하루 동안 전투를 중단하고 총을 내려놓은 채 자유롭게 어울렸던 1914년 크리스마스 휴전과 흡사하다. 전쟁이 잠시 멈춘 것이다. 우리가 모으고 쓰는 행위는 지구에 대한 일종의 전쟁이었다. 코로나 발생 이후 탄소 배출량은 급감했다. 보도에 따르면 로스앤젤레스, 베이징, 뉴델리 상공의 공기는 기적적으로 깨끗해졌다. 미국 전역의 공원이 시행한 방문객 출입 금지 조치는 야생동물들에게 유익한 영향을 미칠 것이다. 2018~2019년 미국 연방 정부가 일시적으로 폐쇄government shutdown됐을 당시 샌프란시스코 북쪽의 포인트 라이스 국립 해안Point Reyes National Seashore의 빈 해변은 코끼리물범elephant seal들이 차지했다. 코끼리물범들은 아직도 짝짓기와 출산을 할 때마다 그 해변을 이용하고 있다.

고통과 공존하는 희망

다른 비유도 있다. 애벌레는 번데기에 들어가면 스스로 녹아

액체가 된다. 애벌레였다가 나비가 되려고 하는 순간의 상태는 애벌레도, 나비도 아닌 일종의 '살아 있는 수프'다. 이 '살아 있는 수프' 안에는 애벌레가 날개 달린 성체로 변태할 수 있도록 촉진시키는 성충 세포가 있다. 우리 중에서 가장 선견지명이 뛰어나고 포용적인 누군가가 성충 세포 역할을 하기를 바란다. 지금 우리는 수프 속에 있다. 재난의 결과는 미리 정해지지 않는다. 얼음처럼 단단하게 결속돼 있던 것들이 유동적으로 변하면서, 최선과 최악의 결과가 모두 나타날 가능성이 높아졌다. 우리는 멈춰 있는 동시에 엄청난 변화의 상태에 놓여 있다.

지금 시기는 주로 집에서 혼자 시간을 보내고, 예상치 못했던 세상을 내다보는 이들에게는 깊이 있는 시간이다. 사람의 감정은 선과 악, 행복과 슬픔으로 쉽게 나눠진다. 마찬가지로, 얕고 깊은 감정으로도 나눌 수 있다. 행복 추구는 내면의 삶과 주변의 고통으로부터의 도피로 여겨진다. 불행은 실패로 간주된다. 하지만 슬픔과 애도, 비통함처럼 공감과 연대에서 생겨난 감정들은 고통뿐 아니라 의미도 담고 있다. 슬프고 겁에 질린 감정은 마음을 쓰고 있고 정신적으로 연결돼 있다는 표시다. 2020년이 갑자기 어떤 과정과 연유로 우리 모두를 늪과 같은 새로운 곳으로 데려왔는지 이해하려 한다면 수십 년의 연구와 분석, 토론과 고찰의 과정이 필요할 것이다.

7년 전 패트리스 쿨러스Patrisse Cullors는 '흑인 생명은 소중하다(Black Lives Matter·BLM)' 운동의 사명 선언문에서 "집단의 변화와 혁신을 달성하려는 모두의 힘을 쌓기 위해 집단 행동의 희망과 영감을 제공하자"며 "슬픔과 분노에 뿌리를 두었지만, 미래와 꿈을 향한다"고 적었다. 이 문장은 아름답다. 희망적이라서가 아니다. BLM을 시작하고 변화를 촉발했기 때문도 아니다. 희망이 어려움, 고통과 공존할 수 있다는 점을 인정하고 있기 때문이다. 깊은 슬픔과 솟구치는 분노가 희망과 양립할 수 있는 이유는 우리가 복잡한 생명체이기 때문이다. 희망은 모든 일이 다 괜찮을 것이라는 낙관론이 아니다.

희망은 앞으로 닥칠 불확실성 속에서도 명확한 시각을 제공한다. 함께할 가치가 있는 갈등이 있고, 그중 일부는 이길 가능성도 있다는 것이다. 희망의 가장 위험한 면 중 하나는 재난이 닥치기 전에는 모든 것이 괜찮았고, 과거로 돌아가야 한다고 믿는 실수에 빠지는 것이다. 판데믹 이전의 평범한 삶은 이미 많은 사람들에게 절망과 배척의 시기였고, 환경과 기후의 재앙이자 불평등의 근원이었다. 비상사태가 끝난 뒤 어떤 일이 일어날지 지금은 알 수 없다. 하지만 어떤 결과를 만들어내야 하는지 찾고, 결정할 수는 있다. 우리 중에 여러 사람이 이미 그럴 준비를 하고 있다고 믿는다.

크리스토퍼 드 벨레이그(Christopher de Bellaigue)는 영국의 저널리스트다. 1994년부터 중동과 남아시아 관련 보도를 해왔고, 《이코노미스트》이란 테헤란 특파원으로 근무했다. 현재 《가디언》과 《더 뉴요커》등에 기고하고 있다.

역자 전리오는 서울대학교에서 원자핵공학을 전공했다. 대학 시절 총연극회 활동을 하며 글쓰기를 시작해 장편 소설과 단행본을 출간했다. 음악, 환경, 국제 이슈에 많은 관심이 있으며 현재 소설을 쓰면서 번역을 한다.

관광으로부터의 해방

코로나가 전 세계로 확산하며 관광객에게 들이닥친 참사 중에서도 크루즈 선박에서 일어난 사태는 단연 눈에 띄었다. 해상에서의 집단 감염 사태는 환희의 공간을 감옥으로 바꿔 놓았고, 전례 없는 공포를 불러일으켰다. 선내 감염에 대한 소문은 왓츠앱WhatsApp 메신저를 통해 악취가 진동하는 선실들 사이로 퍼져 나갔다. 여러 항구들이 차례로 크루즈 선박의 입항을 거부했다. 휴가를 즐기던 여행객들은 '거리 두기' 없이 배에 갇혀, 감염의 희생자인 동시에 전파자가 되는 고통스런 경험을 했다.

코로나 발생 초기에 바다 위에서 연이어 일어난 참사는 중국에서 발생한 문제의 기괴한 연장이라고밖에 볼 수 없었다. 첫 번째 대규모 감염이 일어난 배는 다이아몬드 프린세스Diamond Princess호였다. 2월 중순까지 355명의 확진자가 발생한 이 배는 요코하마 항구에서 육지와 격리된 채로 정박했다. 당시 선내 확진자 수는 중국 이외의 지역에서 보고된 확진자 수의 절반 이상을 차지했다. 다이아몬드 프린세스호의 승객 14명은 이후 코로나 감염으로 사망했다.

바다 위의 악몽은 쉽게 끝나지 않았다. 감염자가 나온 30척 이상의 크루즈 선박에서 승객들은 병원에 입원하거나, 호텔에 격리됐다. 전세기를 타고 고국으로 돌아갈 수도 있었다. 하지만 10만 명에 달하는 선원들은 격리되거나 하선이 금지된 채로 고용주가 집으로 돌아갈 방안을 마련해 줄 때까지 바다 한가운데 갇혀 있어야 했다. 그리고 크루즈 선원들에게는 드라마 같은 상황이 또다시 펼쳐졌다. 루마니아 선원 15명은 플로리다 앞바다에 정박한 배에 갇혀 있던 끝에 대대적인 단식 투쟁에 돌입했다. 독일 쿡스하펜항에는 격리 선박의 소요 사태를 진압하기 위해 경찰력이 투입됐다. 필리핀 마닐라만에 갇힌 20여 척의 크루즈선 선원들이 6월 1일 하선을 요구하며 시위를 벌인 사실도 알려졌다.

크루즈는 코로나 이후 흔들리는 관광 산업의 상징이 됐다. 지난 1월 1500억 달러(166조 7250억 원) 규모로 추산됐던 크루즈 관광 업계는 이제 살아남기 위해 대량 해고와 대규모 채권 발행, 파격 세일까지 해야 하는 처지가 됐다. 하지만 현재의 위기가 닥치기 전에도 크루즈 업계는 관광 산업이 세계에 끼치는 악영향을 보여 주고 있었다.

관광 산업은 멋진 경치나 산호초군, 혹은 오래된 성당같이 산업 자체가 소유하지 않은 자산을 활용한다는 점에서 특수하다. 카니발Carnival, 로열 캐리비안Royal Caribbean, 노르위젠Norwegian 등 세계의 주요 크루즈 회사는 그들의 수입원인 산호초군과 같은 공공 관광 자원을 유지하는 일에 거의 비용을 쓰지 않는다. 크루즈 시장의 75퍼센트를 차지하는 이 세 회사는 파나마, 라이베리아, 버뮤다 같이 환경이나 노동 관련 규제가 약한 조세 회피처에 법인을 설립했다. 성가신 세금과 규제 적용을 피하는 동시에 공기와 바다를 오염시키고, 해안선 침식을 가속화하며, 아름다운 항구에 연간 수천만 명의 감당하기 어려운 관광객을 쏟아 냈다.

크루즈 산업의 문제점은 여행 산업 전반에도 동일하게 적용된다. 수십 년 동안 일부 친환경 개혁론자들은 지속 가능한 관광 산업을 만들기 위해 노력해 왔다. 부작용은 최소화하면서 안정적인 여행 산업 일자리를 만드는 것이 목표였다. 그러나 대부분의 호텔 그룹과 여행사, 각국의 관광 당국은 그런 노력과 상관없이 규모의 경제를 우선시해 왔다. 더 많은 관광객이 더 적은 돈을 내고 더 많은 즐길 거리를 얻는 구조는 관광 자원에 부담을 줄 수밖에 없다. 전문가들은 코로나가 발생하지 않았더라면 2020년에 국경을 넘는 여행객의 숫자가 전년 대비 3~4퍼센트 정도 증가했을 것이라고 입을 모은다. 세계 관광 산업에서 가장 큰 비중을 차지하면서도 가장 빠르게 늘어나고 있는 중국의 해외여행자 수는 2015년 대비 27퍼센트 상승한 1억 6000만 명으로 예상된다.

코로나는 관광 산업이 없는 무서우면서도 경이로운 세계의 모습을 보여 주고 있다. 우리는 관광객들이 자연을 가득 메우고 몰려다니지 않을 때 어떤 일이 일어나는지 목격하고 있다. 협곡만 한 대형 크루즈 선박들이 해안선을 침식하지 않으면서, 바다는 모처럼 한숨을 돌리고 있다. 꼼짝없이 집 안에 갇힌 등산객들은 더 이상 산등성이에 쓰레기를 버리지 않는다. 특색 있고 섬세한 각 지역의 음식 문화는 더 이상 관광객들이 먹는 냉동 피자의 위협을 받지 않아도 된다. 사람들의 휴가에서 벗어난 현재 관광지의 모습보다 관광 산업의 해악을 잘 보여 주는 장면을 상상하기는 쉽지 않다.

코로나는 관광에 지나치게 의존하는 산업 구조의 위험성을 폭로했다. 보다 지속 가능한 다른 종류의 경제 활동에 충분한 투자가 이루어지지 않은 상태에서 공동체 전체가 의존하던 관광 산업이 무너졌을 때 어떤 일이 일어나는지가 잔혹한 방식으로 드러나고 있다. 유엔 세계 관광 기구UNWTO가 지난 5월 발표한 추정치에 따르면, 올해 전 세계 관광 수입은 지난해의 1조 7000억 달러보다 80퍼센트 감소하고, 관련 일자리는 약 1억 2000만 개가 사라질 전망이다. 관광 산업은 코로나를 퍼뜨릴 수 있는 인간의 이동에 의존하기 때문에 다른 어떤 경제 활동보다 오랫동안 엄격하게 제한될 가능성이 높다.

최근 몇 년간 파급력을 키워 오던 관광 산업이 휘청거리면서 세계 경제도 영향을 받고 있다. 불과 여섯 달 전만 하더라도 상상할 수 없었던 해외여행 금지 조치가 시행된 지금, 우리는 파괴적인 관광 산업의 악순환에서 벗어나 다른 방식을 시도해 볼 수 있는 흔치 않은 기회를 얻게 됐다.

직격탄 맞은 지역 경제

지구를 망치고 있다는 비판에 관광 업계는 전 세계 일자리 열 개 중 하나가 관광 산업에 의존하고 있다는 경제적 주장으로 대응한다. 각국 정부도 관광 산업을 선호한다. 호텔을 짓고 따뜻한 물만 공급해도 일자리가 창출되고 많은 외화가 흘러들어 오기 때문이다.

관광 업계를 대변하는 사업가 렐레이 렐라올루Lelei Lelaulu와 얘기를 나눠 본 적이 있다. 그는 2007년 당시 관광 산업을 "부유한 국가에서 가난한 나라로, 가진 자에게서 가지지 못한 자에게로 흘러 들어가는 역사상 가장 대규모의 자발적인 자금 이체"라고 정의했다. 상당한 금액이 "옆으로 샌다는 점"을 감안해도(여행자들이 쓰는 돈의 상당 부분은 여행지가 아닌 여행사와 항공사, 호텔 체인의 매출이 된다) 호주 사람들이 발리에서, 미국인이 칸쿤에서, 중국인이 방콕에서 많은 돈을 쓴다는 사실을 부정하기는 어렵다.

미국의 고급 여행사 인다가레Indagare의 설립자이자 '책임 있는 여행 센터Center for Responsible Travel'의 임원인 멜리사 빅스 브래들리Melissa Biggs Bradley는 지난 1월 말 유럽 여행을 가는 중국인 관광객들의 흐름이 끊기자 이탈리아의 동종 업계 종사자들에게 이런 경고 전화를 받았다. "로마가 텅 비어 버렸어요. 얼마나 충격적인 상황인지 감도 못 잡을 걸요." 코로나 발생 초기만 하더라도, 업계 분석가들은 이번 상황이 안심할 수 있는 수준이라고 판단했다. 2008년 글로벌 금융 위기의 여파로 2009년에 4퍼센트 감소한 세계 해외 여행객도 이듬해에는 다시 상승세로 돌아서 6.7퍼센트 증가했기 때문이다. 2016년에는 터키에서 테러 공격이 잇따라 일어나 관광객의 발길이 끊겼다. 하지만 터키의 손해가 스페인의 이익으로 이어진 덕분에 스페인 남동부 코스타 블랑카Costa Blanca 해안의 관광객은 오히려 급증했다.

　　하지만 과거와의 단순 비교는 치료법이 없는 전 지구적인 코로나19 감염의 영향을 이해하는 데에 전혀 도움이 안 된다는 사실이 곧바로 드러났다. 지난 3월 말, 세계적인 리서치 기업인 번스타인은 투자자들에게 호텔 산업의 전망을 '암울함'에서 '대참사 수준'으로 수정한다는 내용의 서신을 보냈다. "2주 전만 하더라도 매출이 80퍼센트나 감소할 가능성은 매우 낮다고 생각했지만, 이제는 그 전망을 기본 시나리오로 가정하겠습니다." 그리고 서신은 이렇게 덧붙인다. "우리는 너무 순진했습니다!" 편지가 발송된 3월은 스페인과 이탈리아의 객실 점유율이 5퍼센트라는 최저치를 기록하기도 전이었다.

관광 산업은 스페인 국내 총생산GDP의 15퍼센트, 이탈리아 GDP의 13퍼센트를 차지한다. 관광 산업의 몰락은 다각화된 산업 구조를 가진 남부 유럽 국가에게는 다소 고통스러운 정도다. 하지만 관광 산업이 GDP의 3분의 1을 차지하는 몰디브나 지난 10년 동안 관광객들의 숫자가 4배 이상 급증한 조지아와 같은 저개발 국가에게는 생존의 위협이다.

관광 산업이 외화 수입의 50퍼센트 이상을 차지하는 섬나라 자메이카의 관광 장관 에드먼드 바틀렛Edmund Bartlett은 지난 4월 답답한 마음을 토로했다. "몬테고 베이 공항을 통해 들어오는 입국자 수는 제로(0), 킹스턴 공항을 통해 들어오는 입국자도 제로(0), 호텔 투숙객도 제로(0)다. 게다가 30만 명 이상이 일자리를 잃었다. 관광 산업을 지원하던 모든 교통 시스템이 멈춰 서고, 관광 명소가 문을 닫으면서 여행객이 먹을 식료품을 제공하던 농부들도 작물을 내다 팔 곳이 사라졌기 때문이다."

일반적으로 수익성이 좋은 관광 산업을 유치하려면 지역 발전이 왜곡된다는 대가를 치러야 한다. 농부는 토지를 호텔 체인에 매각한 뒤, 관광객 유입으로 작물의 가격이 더 이상 사먹을 수 없을 만큼 치솟는 것을 지켜봐야만 한다. 골프장 급수를 위해 물길의 방향을 바꾸면 지역 주민들은 물 부족에 시달린다. 도로는 학교가 아니라 테마파크까지만 포장돼 있다.

관광 산업은 국가 경제를 강력하고 변덕스러운 외부의 영향에 예속시킨다. 관광 산업에 대한 의존은 내가 2001년 아프가니스탄 특파원으로서 목격한 대외 원조 의존과 공통점이 있다. 두 경우 모두 갑작스러운 상황 변화로 인해 멈출 수 있다는 최악의 위험 요소를 갖는다.

빅스 브래들리는 앞으로 황폐해질 위험이 있는 "작고 취약한" 장소 몇 곳을 언급했다. 최근에 다이빙 전문 여행사 중심으로 인기가 높아지고 있던 태평양의 작은 섬들이다. 브래들리는 "이 섬들은 최근 몇 년 동안 신규 항로가 경이로운 수준으로 늘어나면서 개방됐지만, 항로가 끊기고 여행객 유입이 중단되면 빚더미와 실업자만 남을 것"이라고 경고했다.

조지아, 아제르바이잔, 아르메니아에서 체험 위주의 여행 상품을 운영하는 트래픽 트래블Traffic Travel의 CEO 소트네 제퍼리즈Tsotne Japaridze는 자신과 주변 사람들이 코로나로 겪은 고통을 설명했다. 제퍼리즈는 30여 곳의 포도 농장과 게스트 하우스, 일반 가정으로 관광객을 실어 나르기 위해 여름 시즌 동안 정규 직원 3명에 가이드와 운전사까지 15명을 추가로 채용했다. 제퍼리즈의 회사야말로 지역 사회에서 얻은 수입으로 주민 수백 명을 지원하는 중추 역할을 한 셈이다. 하지만 코로나 위기가 닥치자 제퍼리즈는 직원들에게 무급 휴가를 제안해야 했다. "어려운 결정이었지만 다른 선택이 없었어요." 관광 산업이 자취를 감춘 뒤 집에서 누릴 수 있는 서비스 수요가 폭발적으로 증가했다. 제퍼리즈의 회사에서 조지아의 아름다운 명소인 스바네티 지역으로 관광객을 인솔했던 한 가이드는 현재 오토바이로 음식을 배달하면서 생계를 유지하고 있다.

오버투어리즘의 침공

관광 산업의 보다 보편적인 문제는 관광지가 감당할 수 없을 정도로 많은 관광객들로 붐비는 '오버투어리즘overtourism'이다. 판데믹이 정점에 다다를 무렵, 나는 NGO '위 아 히어 베니스 We Are Here Venice'를 이끌고 있는 제인 다 모스토Jane da Mosto와 줌 Zoom 화상 통화로 이야기를 나눴다. 위 아 히어 베니스는 지구상에서 오버투어리즘으로 가장 악명이 높은 베니스를 거주 가능한 장소로 만들기 위해 적극적으로 활동하고 있는 단체다.

화상으로 만난 다 모스토는 가족과 함께 저녁 식사로 먹을 채소를 다듬으면서 불편한 감정을 토로했다. 이탈리아 병원에서 벌어지는 대재앙과 창문으로 내다보이는 평온하고 고요한 장면 사이의 괴리감 때문이었다. 환자로 가득한 병원과 달리, 운하의 다리는 텅 비었고 해마들은 물속에서 신나게 헤엄치고 있었다. 남근 모양 파스타를 팔던 행상들이 사라진 자리는 집에서 만든 토르텔리니를 주민들에게 배달하는 뱃사

공이 채우고 있었다.

다 모스토가 키우는 감자를 살펴보기 위해 잠시 자리를 비운 사이, 그녀의 19살짜리 아들 피에란젤로가 화상 인터뷰에 나섰다. 아버지가 몰던 배를 이끌고 처음 물 위를 달렸던 날 이후로 피에란젤로는 바다에서 살았고, 어쩔 수 없이 차에 타야 할 때면 속이 메슥거렸다. 그는 베니스의 명물인 용골(선박의 선수부터 선미까지를 지탱하는 중심축)이 없는 배를 만드는 목수이자 복원 전문가다. 가끔은 보트에 관광객들을 태워 '베니스 사람만 아는 베니스'를 보여 주기도 한다.

피에란젤로와 디자이너, 학생, 목수 등 다양한 직업을 가진 그의 친구들은 관광 산업의 중요성을 인정하면서도 베니스의 관광 의존도가 낮아지길 바라고 있었다. 그들은 코로나 이후 삶에 대해 대화를 나누곤 한다. 코로나바이러스 확산세가 주춤해져 관광업이 다시 시작돼도 이전보다 방문객과 수입은 적을 것으로 예상되기 때문에, 지역 주민을 고객으로 삼아 줄어든 수입을 메우려고 노력해야 한다는 내용이었다.

나는 피에란젤로에게 쥬데카 운하의 흔들리는 조그만 배 위에서 자신을 내려다보고 있는 크루즈 선박을 보면 어떤 기분이 드는지 물었다. "작아진 기분이요." 피에란젤로가 웃으며 말했다. "제가 정말 작다는 걸 느껴요."

관광 산업이 아니었다면 베니스 고딕 양식 건물 중 상

당수는 오래 전에 허물어져 재개발됐을 것이다. 관광 산업이 베니스의 유서 깊은 건축물을 유지하는 데에 상당한 경제적 이유를 제공한 것은 사실이다. 하지만 권력은 호텔과 레스토랑, 보트 등에 투자한 사람들에게 넘어갔다. 상당수가 외지인이었던 투자자들에게 베니스라는 도시는 그저 많은 사업 기회 중 하나일 뿐이었다. 1989년 7월 15일, 무료 콘서트가 베니스를 점령했다. 당시 경험은 아직까지도 베니스 사람들에게 짜증스러운 기억으로 남아 있다. 이날 유럽 전역에서 20만 명에 달하는 사람들이 도시의 정신적, 미학적 중심인 산마르코 광장에 운집했다. 그중 일부는 록 밴드 '핑크 플로이드' 월드 투어의 마지막 공연을 보기 위해 승선 인원을 초과한 보트를 타고 베니스 앞바다로 몰려들었다.

적잖이 당황한 시 의회는 핑크 플로이드의 노래 〈샤인 온 유 크레이지 다이아몬드Shine on You Crazy Diamond〉의 전주가 연주되기 직전까지도 콘서트 진행 여부를 놓고 논쟁을 벌였다. 밴드는 시 의회의 압박에 스피커 볼륨을 낮췄고, 전 세계적으로 통용되는 TV 프로그램 시간에 맞춰 공연 시간을 줄였다. 이 부분에서는 이탈리아 공영 방송 RAI(Radiotelevisione Italiana)의 역할이 컸다. 한편, 광장 주변 가게에서는 관객에게 세 배나 높은 가격으로 미지근한 맥주를 팔고 있었는데, 관객들은 맥주를 다 마신 후에야 간이 화장실이 단 한 개도 없다는 사실을 깨달았다. 다음날 아침, 유서 깊은 광장 바닥은 깡통과 담배꽁 초, 소변으로 뒤덮여 있었다.

30년 전의 핑크 플로이드 콘서트는 입장료도 내지 않은 관객 20만 명이 중세 도시 중심부를 난장판으로 만들고, 정작 뒷정리는 지역 주민에게 맡기고 떠난 일로 기록됐다. 관광 산 업이 도시 자원을 깔아뭉갠 사례로 이만한 사건을 찾기는 어 렵다. 이탈리아의 한 TV 뉴스는 핑크 플로이드 콘서트를 "침 략자의 인권과 점령당한 지역민의 인권을 모두 침해한 사건" 이라고 묘사했다. 시 의회를 비난하는 목소리가 거세지자 의 원들이 집단 사퇴하는 일까지 벌어졌다.

사실 록 음악 팬들이 침공하기 오래 전부터 주민들은 베니스를 떠나고 있었다. 베니스 인구는 1950년 18만 명에서 2019년에는 5만 명까지 감소했다. 반면, 같은 기간 연간 방문 객의 수는 100만 명에서 3000만 명으로 치솟았다. 베니스 카 포스카리 대학교의 관광 산업 전문가 얀 판데르 보르흐Jan van der Borg에 의하면, 이는 베니스 시의 연간 '수용 능력'을 최소 1000만 명 넘어서는 수치다. 도시의 수용 능력이란 생활 기 반 시설과 주민들의 생활 방식을 지속적으로 훼손하지 않고 받아들일 수 있는 최대 인구수를 말한다.

많은 곤돌라 소유주들은 베니스에서 멀리 떨어져 살면 서 사공을 고용해 빽빽한 운하 위로 관광객을 실어 나른다. 저가 항공사 직원들은 뉴욕 센트럴 파크의 겨우 1.5배 큰 구역에 매일 수천 명의 관광객을 쏟아낸다. 다 모스토가 "엄청난 수의 사람들이 베니스에 거주하지 않으면서도, 베니스를 이용해 먹고산다"고 말하는 이유다.

판데르 보르흐는 베니스를 방문하는 관광객들을 '좋지 않은 유형'이라고 한다. 당일치기 베니스 여행객 가운데 70퍼센트는 "관광버스나 크루즈 선박, 비행기에서 쏟아져 나와, 베니스의 역사적 심장부를 몇 시간 동안 휘젓고 다니지만 도시를 유지하는 데는 기여하지 않는다"는 얘기다. 이런 관광객은 수천 마일 떨어진 곳에서 만든 15유로(2만 원) 정도의 기념품을 하나 사고선 가이드를 따라 서둘러 다음 목적지로 떠나기 때문이다.

판데르 보르흐 같이 소수 정예 관광을 중시하는 관광산업 전략가들은 '지역에 미치는 영향은 크지만, 가치는 낮은' 뜨내기 여행객이 불청객이라고 당당하게 말한다. 호텔에 머물면서 인근 레스토랑에서 식사를 하고, 사람들이 많이 찾지 않는 교회를 들러 마치 작가 트루먼 카포티Truman Capote처럼 해리스 바Harry's Bar의 칵테일 '벨리니'를 마신 뒤 하루를 마무리하는, 그런 부유한 개인 여행자들을 더 환영해야 한다는 뜻이다. 이들 주장의 저변에는 '수준 높은' 여행자가 세금과 팁을 내고 지역 주민과 인간적인 상호 작용을 하면서 도시를 더 행복하게 만든다는 생각이 깔려 있다.

그렇다면 단체 여행은 사라지고 있는 걸까? 2019년 영국 여행사 협회ABTA가 내놓은 영국 여행 산업 트렌드 보고서에 따르면, 다음 휴가를 해외에서 보내려 하는 사람들의 최대 관심사는 비용 절감이었다. 관광지에서 저예산으로 여행을 계획하는 사람들을 미적지근하게 대한다고 하더라도, 영국 여행객의 대다수는 눈치 채지 못할 것이다.

베니스화를 막아라

저가 항공사와 에어비앤비는 수백 만 명에게 주말을 색다른 곳에서 보낼 수 있는 기회를 선사했다. 이 때문에 '베니스화 Venetianisation'의 저주는 지난 10년 동안 여러 도시들을 차례로 괴롭혀 왔다. 베니스화는 주민들이 떠난 자리를 관광객 무리가 차지하는 도시 공동화 현상을 의미한다. 베니스나 파리처럼 오랫동안 관광지로서 유명세를 누린 도시뿐 아니라, 최근에는 대서양 연안에 있는 포르투갈 지방 도시 포르투의 한적한 해변 마을도 베니스화를 피하기 어려웠다. 포르투와 같은 소도시들은 밀려오는 수많은 관광객을 맞을 준비가 전혀 안돼 있었다.

베니스화에 맞선 반격은 2015년 7월에 시작된다. 바르셀로나의 유명한 산책로 라 람블라La Rambla 거리에 관광객 숫자가 급격하게 늘어 보행자가 지나다니기조차 힘든 상황에 이르자, 시 의회는 신규 호텔 허가를 중지했다. 이듬해에는 에 어비앤비가 무허가 시설을 중개한 혐의를 인정하고 60만 유 로(7억 9220만 원)의 벌금을 내야 했다. 물론 매 분기 매출이 10억 달러(1조 1120억 원)를 넘는 에어비앤비에게는 푼돈에 불과하다. 하지만 이는 관광 산업이 주민들조차 알아볼 수 없 을 정도로 도시의 모습을 단기간에 변화시키면서, 관광 산업 전반에 대한 적개심이 그만큼 커지고 있다는 신호였다.

크로아티아의 두브로브니크는 옛 모습을 완벽히 보존 하고 있는 고풍스런 도시다. TV 시리즈로 각색된 〈왕좌의 게 임Game of Thrones〉이 두브로브니크에서 촬영된 후부터 관광객 이 급증하기 시작했다. 그러자 지난해 시 행정부는 도시의 중 심부를 막고 있는 기념품 노점 80퍼센트의 영업을 중지시키 고, 버스와 크루즈 관광객 수를 제한하는 일종의 '쿼터제'를 도입했다. 벨기에 운하 도시인 브뤼헤는 최근에 당일치기 여 행객을 겨냥한 광고를 전면 중단하고, 정박한 크루즈 선박의 숫자를 제한하려는 움직임을 보이고 있다.

관광 산업 제한 조치에는 재정적인 대가가 따른다. 라 람블라 거리의 주민과 상인들의 이익을 대변하는 단체 '라 람 블라의 친구들'의 대표인 페르민 비야르Fermín Villar는 2년 전 《가디언》과의 인터뷰에서 "라 람블라는 무엇보다도 하나의 비즈니스입니다. 매년 1억 명 이상의 사람들이 이 거리를 걷습니다. 그 사람들이 1유로씩만 쓴다고 해도 어떨지 상상해 보세요"라고 열변을 토하며 말했다. 그러나 대규모 관광 산업은 기존 사업을 대체하기도 한다. 창의적이고 생산적인 주민 다수가 지역을 떠나는 현상은 지역 인프라에 가해지는 압력 못지않게 커다란 관광 산업의 대가다. 다 모스토의 얘기처럼, 경제적인 관점에서 봤을 때 베니스는 관광 산업의 측면에서 손실을 입고 있다. 상점에서 발생한 수익 대부분이 다른 곳으로 빠져나가기 때문이다.

　　오버투어리즘에 반대하는 최근 움직임의 저변에는 무한대로 착취할 수 있다고 생각했던 공공 관광 자원이 실제로는 언제든 사라질 수 있으며, 관광지를 방문하는 비용에 공공 자원의 가치가 반영되어야 한다는 깨달음이 깔려 있다. 실제로 '오염자 부담 원칙'은 농업, 제조, 에너지 분야에서 점점 더 많이 도입되고 있다. 오염자 부담 원칙은 어떤 사업이 해로운 영향을 끼친다면, 해결 비용 역시 원인 제공자가 책임져야 한다는 생각이다. 환경뿐 아니라 문화적으로나 거주민 생활 방식이 침해되는 경우도 마찬가지다. 도시가 지속 가능한 관광 산업의 기본 원칙을 정립했을 때 오염자 부담 원칙을 고려할 수 있다. 반면 현재는 다양한 관광 관련 세금을 부과하는 비교적 좁은 방안에만 관심이 집중돼 있다. 관광세는 도시 세수를 늘리면서도 관광객 수는 줄이자는 목표를 갖고 있다. 암스테르담은 하룻밤에 1인당 3유로의 숙박세를 부과하고, 객실 요금의 7퍼센트에 달하는 세금을 추가한다. 아직 받아들일 만한 수준이지만, 이러한 시도는 관광 산업을 통제하고 지역 주민의 이익을 증대하려는 실험적인 움직임의 시작이다.

기업 입장에서는 민첩하게 대응해야 관광으로 돈을 벌면서 관광 산업의 부정적 영향을 외면하는 것처럼 보이지 않는다. 여행 가이드북을 출간하는 포더Fodor는 이타적인 차원에서 방문을 자제해야 하는 여행지 명단 '노 리스트no list'를 매년 발행하고 있다. 올해의 노 리스트에는 이스터 섬과 캄보디아 앙코르와트가 포함되어 있다. 포더는 '죽기 전에 미국에서 꼭 가봐야 할 25곳'도 홍보하고 있다. 여기에는 길게 이어진 캘리포니아 해안가 빅 서Big Sur가 포함돼 있는데, 이곳에는 최근에 "오버투어리즘이 빅 서를 죽이고 있다"고 적힌 현수막이 내걸렸다.

관광이 자연을 보호하는 아이러니

아프리카 미개척지의 염소 처리된 깨끗한 수영장에서 아프리카에서 두 번째로 높은 케냐산을 바라보는 것은 현재 코로나 위기를 견디는 나름 괜찮은 방법처럼 보인다. 하지만 숙박 시설 '로이사바 텐티드 캠프Loisaba Tented Camp'의 인피니티 풀에서 수영하는 사람은 몇 달째 단 한 명도 없다. 로이사바 텐티드 캠프는 2만 3000헥타르(2억 3000만 제곱미터)에 달하는 로이사바 보호 구역 내 사파리 숙소 세 곳 중 하나다. 이곳의 CEO 이자 케냐 미개척지 관광 업계의 베테랑인 톰 실베스터Tom Silvester는 케냐로 들어오는 항공편이 중단된 지 한 달 만에 직원 90명을 해고했다고 밝혔다. "이곳에서 일하는 직원들에게는 각자 많게는 10명에 달하는 부양가족이 있기 때문에 충격이 크다"고 말했다.

1600만 명의 고용 창출 효과를 내던 16억 달러(1조 7790억 원) 규모의 관광 산업이 붕괴되면서 케냐가 입은 피해는 막심하다. 로이사바에서 세 곳의 숙박시설을 운영하는 호텔 기업 엘레와나Elewana는 동아프리카 전역에 걸쳐 24개 지점을 폐업하고, 사내 유보금으로 약 2000명에 달하는 직원과 딸린 가족의 생계비를 지급하고 있다. 또 다른 야생 보호 구역인 나슐라이Nashulai의 웹사이트에는 기부를 호소하는 문구가 걸려 있다. 보호 구역 내 수입에 의지하던 지역 사회가 이제는 기아 문제를 겪고 있기 때문이다.

관광객을 더 이상 받지 않는 것은 많은 지역이 건강한 자연으로 돌아가기 위한 유일한 방법일 수 있다. 하지만 관광 산업이 환경 보존에 기여하고 있는 나라에서는 정반대의 결과를 초래할 수도 있다. 필자는 엘레와나의 CEO 카림 위산지

Karim Wissanji에게 "아프리카의 야생 동물을 보호하는 최선의 방법은 사람들이 도시로 이주하고 동물들을 평화롭게 내버려 두는 것일 수 있다"고 제안한 적이 있다. 하지만 그는 이렇게 반박했다. "야생 동물과 서식지의 미래는 본질적으로 사파리 모험 관광 산업과 직결돼 있습니다."

지난해 케냐를 찾은 200만 명의 외국인 관광객 중 4분의 3은 야생 동물을 보기 위해 여행을 왔다. 케냐에는 160곳에 달하는 민간 야생 보호 구역이 있다. 야생 동물에게 필수적인 이동 통로이자, 국립 공원을 능가하는 방목지다. 관광 산업이 없다면, 세계에서 야생 동물이 가장 많이 모여 사는 민간 보호 구역 중 상당수는 사냥터로 바뀌거나 농업을 위해 개간될 것이다. 민간 야생 보호 구역에서는 주민과 야생 동물이 목초지를 두고 오랫동안 경쟁을 벌여 왔다. 특히 가뭄 기간에는 문제가 더욱 심각해진다. 동물 보호 단체인 와일드라이프 다이렉트Wildlife Direct의 CEO 파울라 카훔부Paula Kahumbu는 《가디언》 기고문에서 "케냐의 젊은이들 대부분은 야생 동물을 소수의 부유한 관광객이나 백인 지주에게만 이득을 주는, 자신과 관계없는 존재로 보고 있다"고 분석했다. 지난 몇 년 간 목장과 야생 동물 공원에 폭력적인 습격이 잇따르면서, 사파리 업체는 관광 산업으로 지역 주민을 직접 지원할 수 있는 방법을 모색해 왔다.

판데믹으로 관광 수입이 사라지면, 생태계의 재앙이 가속화될 수 있다. 생물 다양성이 높은 지역을 보호하는 미국 자선 단체인 국제 보존 협회Conservation International는 지난 4월 21일 "케냐에서 야생 동물 고기를 노린 사냥과 상아 밀렵이 우려스러울 정도로 늘어나고 있다"고 보고했다. 전 세계 여러 보존 프로젝트에 기금 후원과 과학 자문을 제공하는 자선 단체 네이처 컨서번시Nature Conservancy의 후원 덕분에 로이사바는 그나마 밀렵 감시 순찰을 지속할 수 있는 형편이다.

로이사바는 커다란 면적에 비해 숙박 가능 인원이 48명에 불과하지만, 그마저도 평상시 숙박률이 40퍼센트가 채 되지 않는다. 도시 한가운데로 쏟아지는 크루즈 승객 수천 명을 매일 감당해야 하는 베니스와 비교하면, 로이사바의 운영 방식은 높은 부가 가치와 긍정적인 영향을 일으킨다고 생각할 수도 있다. 관광객들은 코끼리와 그물 무늬 기린, 노아의 방주에 있을 법한 조류와 포유류가 있는 로이사바를 즐기기 위해 하루에 700달러(84만 원)를 지불한다. 사실상 인간들의 침략에서 야생 동물들을 보호하기 위해서 돈을 내는 셈이다. 네이처 컨서번시의 아프리카 책임자인 매튜 브라운Matthew Brown은 "관광 산업은 야생 동물 보존에 실질적으로 기여하고 생물 다양성을 위한 자금을 마련하는 최선의 방법"이라고 말했다. "야생 동물 관광 산업이 없으면 동물을 보호하면서 지역민들을 도울 수 있다는 생각이 금방 무너지게 될 겁니다."

관광 산업이 위기 상황에 무너지지 않으려면 다양한 종류의 여행자들이 필요하다. 현재 관광 산업을 통한 로이사바의 야생 동물 보존 방식에는 고객의 다양성이 결여돼 있다. 증가하는 미개척지 관광 산업 수요는 오직 외국 여행자들의 돈만 많이 벌 뿐, 케냐 중산층을 거의 끌어들이지 못하고 있다. 높은 생활비 때문에 많은 케냐 중산층은 휴가 때도 여행을 가지 못하고 집에 머문다. 휴가 때 여행을 떠나도 대부분 바닷가로 향한다.

케냐 사람들도 야생 동물을 보며 휴가를 보낸다면, 보존 지역을 복원하려는 노력은 더 빨리 이뤄질 수 있다. 코로나로 인한 여행 제한이 해제되면, 다른 대륙보다는 인접한 아프리카 국가에서 관광객이 더 먼저 찾아올 전망이다. 지난 4월 케냐 관광부 장관 나지브 발랄라Najib Balala는 내수 시장과 아프리카 대륙 시장에 호의적인 방향으로 '패러다임 전환'을 촉구했다. 나지브 발랄라 장관은 "언제까지 다른 대륙에서 방문객이 오기만을 기다리고 있을 수는 없다"고 말했다. "패러다임을 당장 바꿀 수 있다면, 서방 국가들이 시행한 여행 제한 권고를 포함해 어떤 충격이 다가와도 위기를 극복할 수 있는 능력을 5년 안에 기를 수 있습니다."

야생 보호 관광 산업의 전통적인 '인기 상품'인 이른바

'고릴라 투어'마저도 봉쇄 조치 해제 이후 관광객 수를 빠르게 회복하기는 어려울 전망이다. 르완다, 우간다, 콩고민주공화국 국립 공원에 서식하는 고릴라들은 1980년대에 거의 멸종될 위기에 처했지만, 이후 블루칩 투어리즘(blue-chip tourism·일류 관광 산업)의 후원을 받은 국제적인 보호 노력에 힘입어 개체 수가 조금씩 회복되었다. 참고로 미국인들은 르완다를 여행할 때마다 평균 1만 2000달러(1330만 원)를 쓴다. 2016년 르완다 정부는 귀중한 고릴라와 시간을 보내는 비용을 두 배 인상해 1500달러(170만 원)로 책정했다. 이로써 관광 수입이 1500만 달러(170억 원)에서 1900만 달러(210억 원)로 늘어나는 기적적인 효과가 나타났고, 이 돈의 일부는 산림 감시원의 급여와 지역 복지 기금으로 쓰였다. 또한 화산 국립공원Volcanoes National Park의 고릴라 서식지를 통과해 산행을 하는 방문객들의 숫자가 2만 2000명에서 1만 5000명으로 줄어드는 성과도 있었다.

하지만 이제는 새로운 야생 보호 전략이 필요한 시점이다. 코로나로 국경이 폐쇄돼 부유한 외국인 관광객들이 몇 달은 오지 않을 것이기 때문이다. 환경적인 관점에서 당장의 위험은 고릴라들이 코로나에 감염될 가능성이다. 장기적인 도전 과제는 고기를 얻으려는 밀렵꾼으로부터 고릴라들을 지키고, 또 고릴라들이 영양을 잡기 위해 지역 주민이 쳐놓은 올가

미에 걸리지 않도록 보호하는 것이다.

우간다와 르완다에서 관광 사업을 벌이고 있는 셰바 하뉴르와Sheba Hanyurwa는 관광 수입이 최근 몇 년간 독특한 방식으로 경제 구조를 다양하게 변화시켰다고 말한다. 산림 감시원과 가이드가 전반적인 급여 수준 인상을 주도하면서 지역사회에서 고기 소비를 위한 소와 닭 사육이 시작된 것이다. 현재 위기가 지속되는 동안에도 우간다와 르완다 양국 정부는 수시로 국립 공원을 순찰하고 있다. 지속적으로 충돌 사태가 발생하는 콩고민주공화국의 비룽가 국립 공원Virunga National Park에서 최근에 산림 감시원 12명이 살해된 것과 비교하면 엄청난 성공이다. 하뉴르와는 지난 6월 "호텔 노동자와 짐꾼들은 해고당했고, 사람들은 굶주리고 있다"고 걱정했다. "이곳에서 유일한 생계 수단은 관광 산업뿐인데, 적어도 내년까지는 해외 관광객들이 아무도 오지 않을 겁니다."

코로나는 양심에 호소하는 엘리트 관광 모델이 가진 약점을 노출시켰다. 대안은 없다.

갈림길에 선 코모도왕도마뱀

자연에 기반한 관광 산업이 모두 자연에 좋지는 않다. 사람들이 환경에 전보다 많은 관심을 보이면서, 많은 사업체들이 '에코프렌들리(eco-friendly·생태 친화적)'나 '그린green' 같은 듣기 좋은 용어를 사용하고 있다. 그러나 관광 산업의 지속 가능성을 측정하는 한 단체에 따르면, "여행사들이 판매하는 경험은 '생태 친화적'이지도, '친환경적'이지도 않다"고 한다. 비행기를 타고 지구를 가로질러 날아가 불법 벌목된 나무들로 지어진 오두막 안에 앉아 있는 상품들은 여행사들의 인스타그램 광고만큼 생태 친화적이지 않다. 이 사실을 관광객들이 인식하지 못하는 경우도 많다. 어떤 관광객들은 착한 일에 드는 비용을 보고는 멈칫하기도 한다. 여행사 투이Tui의 2017년 조사를 보면 유럽 여행객 중 84퍼센트는 탄소 배출의 총량을 줄이는 일이 중요하다고 생각했다. 하지만 지속 가능한 환경을 위해 휴가 비용을 추가로 부담하겠다는 응답은 겨우 11퍼센트에 불과했다.

최근 몇 년 동안 야생 동물 관광 산업을 키우려고 노력하는 국가 중 하나는 인도네시아다. 인도네시아에는 세계에서 가장 큰 도마뱀인 코모도왕도마뱀Komodo dragon이 살고 있다. 인도네시아 정부는 지난해 라부안 바조 마을을 10대 주요 여행지 중 한 곳으로 만들겠다는 계획을 발표했다. 라부안 바조는 현재 코모도 국립 공원의 수많은 섬들로 향하는 기착지 역할을 하고 있다. 정부는 이 프로젝트에 '열 개의 새로운 발리'라는 우려스러운 이름을 붙이고 있다.

이 계획은 대형 신규 공항이 건설될 발리에 관광객이

과도하게 몰리는 오버투어리즘 문제를 줄이려는 목적이 아니다. 오히려, 매년 저렴한 가격으로 휴가를 즐기려는 관광객 수백만 명을 끌어 모으는 발리의 성공 사례를 모방하려는 목적이다. 이런 계획이 실행된다면 사람들로 가득 찬 해변과 물 부족 현상, 산더미 같이 쌓인 쓰레기 등 발리에서 발생했던 문제들이 새로운 10개의 여행지에서도 고스란히 재현될 것이다. 지난 1월 라부안 바조를 방문한 CNBC 특파원은 "한 때는 작은 어촌 마을이었던 곳이 이제는 신흥 도시의 열기가 흘러넘치고, 레스토랑과 호텔이 끊임없이 지어지는 과열 지역이 됐다"고 보도했다.

코모도 국립 공원의 연간 방문객 수는 2008년 4만 4000명에서 2018년에 17만 6000명으로 증가했다. 코모도가 여행객에게 매력적인 이유는 자연 그 자체보다도 저렴한 여행 비용 덕분이다. 인도네시아 동부에서 요트 선장으로 일하고 있는 전직 군인 글렌 와펫Glenn Wappett은 발리에서 라부안 바조의 신공항까지의 항공편으로 50달러(5만 5000원)를 지불한 나에게 "100달러만 더 내면 호스텔에 머물면서 보트를 타고 코모도왕도마뱀을 보러 가고도 돈이 남는다"고 말했다. 여기에는 공원 입장료 약 12달러(1만 3300원)도 포함되어 있다. 《론리 플래닛Lonely Planet》은 코모도 섬을 포함하는 이 열도를 2020년의 '최고의 가치를 가진 여행지'로 선정했다. 론리 플래닛이 지난 4월 이후 시행된 전 세계적인 봉쇄 조치의 타격을 받아 대부분의 영업 활동을 중단하기 전이었다.

인도네시아가 엘리트 관광보다 대중적인 관광업을 선호하는 이유는 매년 200만 명의 청년이 추가로 노동 시장에 진입하기 때문이다. 관광객 증가는 일자리 증가로 이어진다. 대중적인 일반 관광객의 1인당 지출비용은 엘리트 관광객보다 적지만, 관광객 수가 늘어나면 웨이터와 택시 기사, 해양 가이드 수요도 증가한다.

그러나 방문객이 증가하면서 도마뱀 개체 수는 줄어들고 있다. 관광객들은 짝짓기를 방해했다. 사슴 밀렵으로 주요 식량원이 대폭 감소했고, 벌목으로 서식지가 파괴됐다. 코모도 국립 공원이 있는 동누사틍가라East Nusa Tenggara 주지사인 빅토르 붕틸루 라이스코다트Viktor Bungtilu Laiskodat는 2018년에 공원 입장료를 500달러(56만 원)로 인상하는 방안을 추진했다. 더 부유한 관광객을 끌어들이면서도 관광객 수를 줄여 도마뱀을 보호하기 위해서였다. 2019년 3월에는 밀수업자들이 코모도왕도마뱀을 40마리 넘게 훔치는 사건이 벌어지자, 주정부는 왕도마뱀 약 1700마리가 살고 있는 코모도 섬을 2020년 내내 폐쇄해 도마뱀과 도마뱀의 먹이인 사슴의 개체 수는 물론 서식지까지 회복되도록 하겠다고 발표했다.

하지만 지역 명소를 지키려는 주지사의 시도는 관광 산

업으로 생계를 꾸려 가는 수많은 지역민들의 반대에 부딪혀 좌초되고 말았다. 인도네시아 요트 선장 글렌 와펫은 "다이빙 업체와 호스텔, 레스토랑 등에서 크게 반발했다"고 회상했다. 이들은 코모도 국립 공원에 관광객 입장을 허용하라고 요구했고, 10월에는 중앙 정부가 주지사의 결정을 뒤집으면서 보존 계획은 결국 폐기됐다.

동누사틍가라 주지사가 실패한 계획은 바이러스가 성공시키고 있다. 코모도 국립 공원 출입은 거주하는 어촌 주민 이외에는 전면 금지됐다. 이 지역에 살고 있는 와펫의 지인들은 왕도마뱀이 현재 사슴 고기와 물고기를 왕성하게 섭취하고 있으며, 사람들로 북적이던 이 구역의 왕도마뱀 개체 수도 놀라울 정도로 회복됐다고 한다.

그러나 관광이 다시 재개되면 무슨 일이 일어날지 상상하기는 어렵지 않다. 지난 4월 14일 인도네시아 재무부 장관은 코로나 봉쇄 조치로 인도네시아인 520만 명이 실업 상태에 놓일 수 있다고 경고했다. 일자리 창출을 위한 다른 방안이 없는 상태에서 국제선 항공편이 재취항한다면, 대규모 관광객들을 돌아오게 하기 위한 정책도 함께 재개되고 왕도마뱀은 다시 한 번 위험에 처하게 될 것이다.

지구를 위해 치러야 하는 대가

지난 5월 7일 유엔 세계 관광 기구는 코로나가 관광 업계를 계속 압박한다면 오버투어리즘 같은 관광지 과밀화와 기후 변화 문제를 해결하기 위해 지속 가능한 방향으로 변화하려는 노력이 멈춰 서고, 더 나아가 퇴보할 수도 있다고 전망했다. 실제로 현재 위기가 시작된 이후로 항공사와 크루즈 업계는 세금 감면과 환경 관련 규제 완화를 요구하는 강한 정치적 압력을 행사하고 있다.

제트 스키에서 뿜어져 나오는 기름 매연부터 골프장 잔디에 흥건한 살충제까지, 관광객이 누리는 순수한 즐거움은 가난하고 오래된 지구에게 또 다른 공격이 될 수 있다. 여행객들이 700만 개에 달하는 에어비앤비 숙소에서 하룻밤 머물 때마다 냉장고에는 남은 음식물이 쌓인다. 침대 시트 세탁에도 화학 물질이 쓰인다. 크루즈 선박은 발암 물질이 함유된 연료를 태운다. 탄소 배출도 문제다. 《네이처 클라이밋 체인지 Nature Climate Change》는 최근 연구에서 "관광 산업은 경제 발전에 기여하는 다른 잠재적인 산업보다 탄소 집약도가 심각하게 높다"고 밝혔다. 2009년부터 2013년까지 관광 산업이 전 세계에서 배출한 탄소는 지구 전체 온실 가스 배출량의 8퍼센트로 증가했으며, 그중 대부분은 항공 여행에서 발생했다. 《네이처 클라이밋 체인지》는 "관광 수요의 급격한 증가는 탄소에서 벗어나려는 관련 기술 효과를 앞지르고 있다"고 밝혔다.

코로나는 파괴적이지만, 탄소 배출에서 벗어나고 지역에서만 머물며 생활하는 이전과는 전혀 다른 세계를 상상할 수 있는 기회를 주고 있다. 세계 관광 산업이 멈추면서 탄소 배출의 측면에서 재앙과 같던 항공 운송에 대한 의존도가 낮아졌다. 또 지역 주민의 수요에 맞는 다양한 관광 상품 개발 방법도 고민하게 됐다.

인도네시아 코모도 국립 공원은 결론적으로 더 적은 수의 방문객이 더 많은 돈을 내고 국립 공원을 방문하는 동시에, 지역 사회가 수 세기 동안 지속한 어업과 직물 산업을 발전시키는 방법을 대안으로 찾아야 한다. 조지아의 스바네티에서는 관광객들이 뿌려 대는 달러의 유혹으로 지역 주민들이 축산업을 포기하고 게스트하우스와 카페를 열고 있다. 소트네 제퍼리제는 현재 코로나로 겪는 위기가 "전통적인 생계 수단을 잊지 말아야 한다는 교훈"이 될 수 있다고 말했다.

더 넓게 보면 관광 산업을 오직 단기간의 외화 벌이 수단으로 평가하기보다는, 다른 분야와 마찬가지로 미래의 계획과 비용-편익 분석cost-benefit analysis의 대상으로 국가 경제 전반에 통합해야 한다. 관광 산업이 지나치게 우세한 곳에서는 영향력을 줄이고, 탄소 배출에서 벗어나려는 사회적으로 광범위한 노력을 함께 해야 한다.

글로벌 산업으로서 관광업은 영국 더비셔Derbyshire에 있는 롤스로이스 공장에서 비행기 엔진을 만드는 일에서부터 몬테네그로만에 있는 아이리쉬 펍에서 맥주를 따르는 일까지 다양한 활동들의 총체다. 이러한 세계적인 관점에서 관광 산업은 사실 쉽게 계획하거나 통제할 수 없다. 하지만 관광업의 근본적인 통제권은 지역 정부와 주 정부, 중앙 정부에 있고, 현재 위기를 개혁해야 할 책임도 바로 이들에게 있다. 몇몇 지역에서는 이미 개혁을 위한 노력이 시작됐다. 바르셀로나 시의회는 휴양지로 빼앗긴 마을의 일부를 시민의 품으로 돌려줬다. 동누사틍가라 주지사는 높은 비용을 책정해 코모도왕도마뱀을 위험에서 벗어나게 하려 했다. 세금과 가격 조정을 통해 비대해진 관광업을 길들이려는 시도는 세계 곳곳에서 시작돼야 한다. 휴가와 해외여행은 예산과 관계없이 매년 가야만 하는 당연한 권리가 아니다. 관광은 정당한 대가를 치러야 하는 사치품이다.

팀 하포드(Tim Harford)는《이코노미스트》,《파이낸셜 타임스》칼럼니스트이자 경제학자, 작가다. 전 세계 30여 개국에 번역된 밀리언셀러《경제학 콘서트》를 썼다. 옥스퍼드대학교에서 경제학을 전공하고, 런던정경대학교, 옥스퍼드대학교 등에서 경제학을 강의했다. 영국 왕립통계학회의 명예 회원이다.

역자 전리오는 서울대학교에서 원자핵공학을 전공했다. 대학 시절 총연극회 활동을 하며 글쓰기를 시작해 장편 소설과 단행본을 출간했다. 음악, 환경, 국제 이슈에 많은 관심이 있으며 현재 소설을 쓰면서 번역을 한다.

사실인가 감정인가

통계가 없는 세상

2020년 봄, 정확하고 시기에 딱 맞는 사실적인 통계의 중요성이 갑자기 너무 선명하게 드러났다. 신종 코로나19 바이러스가 세계를 휩쓸기 시작했다. 정치인들은 최근 수십 년 동안 벌어진 문제 중에서 가장 중요할 수 있는 문제를 두고 신속한 결정을 내려야 했다. 이러한 결정의 상당 부분은 전염병학자와 의료 통계학자, 그리고 경제학자들이 앞다퉈 진행하던 일종의 '데이터 조사'에 의존하고 있었다. 수천만 명의 생명이 잠재적인 위험에 처해 있었다. 수십억 인구의 생계 활동 역시 마찬가지였다.

지난 4월 초, 세계 각국은 몇 주째 봉쇄된 상태였다. 전세계 사망자 수는 6만 명을 넘어섰고, 앞으로 상황이 어떻게 전개될지 아무것도 확실하지 않았다. 사망자가 급격히 증가하는 한편, 1930년대 이후 가장 심각하다는 경기 침체까지 진행되고 있었다. 인간의 특별한 능력이나 행운이 나타난다면 이런 종말론에 가까운 공포심은 우리 기억에서 사라질 수도 있었다. 많은 시나리오가 그럴듯해 보였다. 그리고 그게 바로 문제였다.

지난 3월 중순 전염병학자 존 이오어니디스John Ioannidis는 코로나 대응을 두고 "한 세기에 한 번 있을 만큼 근거 자료 수집에 완전히 실패했다"고 밝혔다. 물론 데이터를 조사하는 전문가들은 최선을 다하고 있다. 하지만 생사를 가르는 결정을 내리는 데 필요한 확실한 근거를 마련하기엔 데이터가 들쑥날쑥하고, 일관성도 없으며, 비참할 정도로 불충분한 실정이다.

이러한 큰 실패에 대해서는 앞으로 몇 년 동안 자세한 연구가 이뤄질 것이다. 하지만 몇 가지는 이미 분명해 보인다. 이번 코로나 위기의 초기에 정치 분야에서 진실한 통계의 자유로운 흐름을 지연시킨 정황이 보인다는 점이다. 논란의 여지가 있기는 하지만, 대만은 코로나 사태가 악화되기 전인 2019년 12월 말에 이미 신종 코로나바이러스가 사람 간에 전염된다는 사실을 뒷받침하는 중요한 단서를 세계보건기구 WHO에 제공했다고 주장했다. 하지만 WHO는 1월 중순이 될 때까지도 사람 간 전염에 대한 증거가 없다는 중국 당국의 조사 결과를 트위터에 올리며 사람들을 안심시키고 있었다. 참고로 대만은 WHO 회원국이 아니다. 중국이 대만 영토에 대한 주권을 주장하며 대만을 독립국으로 대해서는 안 된다고 주장하고 있기 때문이다. 이러한 지정학적 문제로 정보가 지연된 상황이 발생했을 가능성도 있다.

과연 대만의 주장이 중요한 문제였을까? 코로나는 가만 놔두면 2~3일마다 확진자가 2배로 늘어나기 때문에 사람 간 전염에 대한 경고를 몇 주 전에 미리 알았다고 해도 결과가 크게 달라졌을지는 확신할 수 없다. 다만, 세계 각국의 지도자들이 코로나 위협의 잠재적인 심각성을 인정하기까지 시간이 걸렸다는 점은 확실하다. 예를 들어서 트럼프 대통령은 2월 말에도 이렇게 말하고 있었다. "코로나는 사라질 것이다. 언젠가는 마치 기적처럼 전부 사라질 것이다." 4주 뒤 미국에서 1300명이 사망하고 다른 어떤 나라들보다도 더 많은 확진자가 나타났지만, 트럼프는 여전히 모든 사람들이 부활절에 교회에 가도 된다며 희망적인 이야기를 하고 있었다.

이 글을 쓰고 있는 9월 현재에도 거센 논쟁들이 벌어지고 있다. 신속한 검사와 격리, 감염 경로 추적은 코로나 확산을 무기한 억제할 수 있는가, 아니면 그저 며칠 동안만 지연시킬 수 있는 것인가? 소규모 실내 모임이나 대규모 야외 행사를 걱정해야 하는가? 휴교는 바이러스 확산 방지에 도움이 되는가, 아니면 아이들이 취약한 조부모와 함께 지내야 하기 때문에 더욱 문제가 되는가? 마스크 착용은 코로나 확산 억제와 감염 방지에 얼마나 도움이 되는가? 이러한 수많은 질문들은 감염된 사람들에 대한 조사와 그들이 감염된 시점 등에 대한 양질의 데이터를 통해서만 답을 얻을 수 있다.

하지만 판데믹의 초기 몇 달 동안 검사가 제대로 이루어지지 않으면서, 수많은 감염 사례가 공식 통계에서 누락됐다. 시행되던 검사마저도 의료진이나 중환자들, 그리고 솔직히 말해서 부유하고 유명한 사람들에게만 집중돼 왜곡된 모습을 보여 주고 있었다. 경증 환자나 무증상 환자들의 수가 얼마나 되는지, 그래서 이 바이러스가 실제로 얼마나 치명적인지 집계되는 데까지는 몇 달이나 걸렸다. 3월에는 영국에서만 사망자 수가 이틀마다 두 배로 증가하는 등 감염 사례가 기하급수적으로 늘어났다. 가만히 앉아서 지켜볼 수 없는 상황이 됐다. 각국의 지도자들은 경제를 인위적인 혼수상태에 빠트렸다. 3월 말 한 주 동안에만 300만 명 이상의 미국인들이 실업 수당을 청구했다. 이전 기록의 다섯 배에 해당하는 수치였다. 그 다음 주에는 상황이 더욱 악화돼, 650만 명 이상의 실업 수당 신청자가 몰려들었다. 건강에 악영향을 끼칠 가능성이 있다는 우려를 감안하더라도, 코로나가 이토록 많은 사람들의 소득을 싹쓸이하는 사실을 당연하게 받아들여야 할 만큼 파멸적인 바이러스였을까? 그렇게 보였을 수도 있다. 하지만 전염병학자들은 지극히 제한된 정보로 최선의 추측만 할 수 있었다.

우리가 정확하고 체계적으로 수집된 수치들을 얼마나 당연하게 여기는지, 이번만큼 특별하게 보여 준 경우를 상상하기는 쉽지 않다. 코로나바이러스 이전을 살펴보자. 성실한 통계학자들이 방대한 범위의 중요 사안들에 대해 공들여 통계를 수집했다. 이러한 통계들은 세계 어느 곳에서나 무료로

다운로드받을 수 있는 경우가 많았다. 그럼에도 불구하고 누군가가 "거짓말, 빌어먹을 거짓말, 그리고 통계"[2]라고 심드렁하게 말했듯, 우리는 통계를 과감하게 묵살할 정도로 교만했다. 코로나 위기는 통계가 없을 때 상황이 얼마나 위험해질 수 있는지를 우리에게 알려준다.

'의도적 합리화'의 함정

주변 세계를 해석하는 문제에 있어서, 전문성보다 감정이 앞선다는 사실을 깨달을 필요가 있다. 이러한 특성은 필요하지도 않은 물건을 사거나, 바람직하지 않은 상대와 로맨틱한 관계에 빠지는 이유를 설명해 준다. 신뢰를 배반한 정치인들에게 왜 투표를 하는지도 마찬가지다. 특히, 얼핏 생각해도 거짓인 게 자명한 통계를 이용한 주장들을 그토록 자주 믿는 이유도 여기에 있다. 우리는 가끔 속고 싶어 한다.

심리학자인 지바 쿤다Ziva Kunda는 실험을 통해서 이런 현상을 발견했다. 쿤다는 실험 대상자들에게 커피 같은 카페인 함유 식품이 여성의 몸에서 더 많은 유방 낭종breast cyst을 발생시킬 수 있다는 증거가 담긴 기사를 보여 줬다. 이때 대부분의 사람들은 해당 기사가 상당히 설득력이 있다고 생각했다. 하지만 커피를 많이 마시는 여성들은 그렇게 생각하지 않았다.

우리는 종종 마음에 들지 않는 증거를 묵살하는 방법을 찾아내곤 한다. 그 반대 역시 마찬가지다. 가령 어떤 증거가 예상을 뒷받침하는 것처럼 보이면, 그 증거가 가진 결점을 아주 면밀하게 살펴볼 가능성이 적다. 중요한 정보를 평가하는 동안 감정을 완전히 통제하기란 쉽지 않다. 감정은 우리를 잘못된 방향으로 이끌어서 길을 잃게 만들 수 있기 때문이다.

그렇다고 해서 감정이라고는 전혀 없이 수치 정보만 처리하는 기계가 될 필요는 없다. 대부분은 감정을 알아차리고 고려하는 것만으로도 충분히 판단력을 향상시킬 수 있다. 감정에 대한 초인적인 통제를 요구하기보다는, 그저 좋은 습관을 기를 필요가 있다는 얘기다. 스스로에게 이렇게 물어보라. 이 정보는 나에게 어떻게 느껴지는가? 정당하거나 지나치게 자신감을 갖게 하나? 불안이나 분노, 두려움을 느끼는가? 주장을 부정할 이유를 찾으며 거부하려고 애쓰고 있지는 않나?

코로나 유행 초기에는 유용한 정보처럼 보이는 '가짜 뉴스'들이 바이러스보다 더 빨리 퍼졌다. 페이스북과 이메일 뉴스 그룹을 통해서 널리 퍼졌던 어떤 SNS 게시물은 너무나 자신 있게 코로나와 감기를 구별하는 방법을 설명했다. 날씨가 따뜻해지면 코로나바이러스가 파괴된다고 사람들을 안심시키는 게시물도 있었다. 얼음물은 되도록 마시지 말고, 대신 따뜻한 물을 마시면 어떠한 바이러스라도 죽일 수 있다는 부정확한 조언도 퍼졌다. 이런 게시물들은 때때로 "내 친구의 삼촌", "스탠퍼드 병원 이사회", 아니면 뜬금없이 애먼 소아과 의사를 출처로 거론했다. 가끔 내용이 정확한 게시물도 있었지만 대부분은 오해의 소지가 있는 추측성 정보였다. 하지만 평소에는 분별 있던 사람들마저도 그런 게시물을 공유하고 또 공유했다. 왜 그랬을까? 다른 사람들을 도와주고 싶었기 때문이다. 전대미문의 상황에서 혼란스러워하고 있던 차에, 때마침 유용해 보이는 조언을 발견하고 공유해야 한다고 생각했던 것뿐이다. 순전히 인간적이고 선의를 가진 충동이었다. 하지만 현명하지는 못했다.

나는 특정 통계를 이용한 주장을 다른 사람들에게 전달하기 전에, 먼저 나에게 어떻게 느껴지는지를 파악하려고 노력한다. 나 자신을 속이는 것을 막아 주는 확실한 방법은 아니다. 하지만 거의 해를 끼치지 않고, 때로는 커다란 도움이 되는 습관이다. 감정은 강력하다. 감정을 사라지게 만들 수도 없고, 그러기를 원해서도 안 된다. 하지만 감정이 판단을 흐리게 하고 있음을 알아차릴 수는 있고, 또 그렇게 해야만 한다.

경제학자인 린다 뱁콕Linda Babcock과 조지 로웬스타인 George Loewenstein 교수는 1997년에 한 가지 실험을 진행했다. 참가자들에게 실제 법정 소송에서 다루었던 오토바이 사고 관련 증거를 줬다. 그리고 참가자들에게 무작위로 원고 측 변호인이나 피고 측 변호인의 역할을 맡겼다. 실제 재판에서 원고 측 변호인은 사고로 다친 오토바이 운전자가 피해 보상금으로 10만 달러를 받아야 한다고 주장했다. 반면, 피고 측 변호인은 소송을 기각하거나 피해 보상금을 낮춰야 한다고 주장했다.

뱁콕과 로웬스타인 교수는 실험 참가자들에게 모의재판에서 각자의 입장을 보다 설득력 있게 주장하고, 상대 주장보다 유리한 합의를 이끌어내도록 유도했다. 여기에 금전적인 인센티브도 내걸었다. 이와 별도로, 실제 판사가 판결을 내린 피해 보상금을 정확하게 맞추면 별도의 금전적 인센티브를 주겠다고 했다. 이들은 실제 보상금에 대한 참가자들의 예측이 각자 맡은 역할과는 무관하길 예상했다. 하지만 참가자들의 예측은 역할에 따라 사실이기를 바라며 펼친 주장에게 강한 영향을 받았다.

심리학자들은 위 실험에서 나온 참가자들의 경향을 '의도적 합리화motivated reasoning'라고 부른다. 의도적 합리화란, 의식적이든 무의식적이든 특정한 종류의 결론에 다다르려는 목표를 정해 놓고 그 주제에 관해서 생각하는 것을 말한다. 축구 경기에서 우리는 상대편이 저지른 반칙은 지적하지만, 우리 편의 잘못은 못 본 척한다. 우리는 자신이 주목하고 있는 것과 관련한 부분을 더욱 잘 알아차릴 가능성이 높다. 전문가들도 의도적 합리화에서 벗어날 수 없다. 오히려 어떤 상황에서는 그들의 전문성이 단점이 될 수도 있다. 프랑스의 풍자 작가인 몰리에르Molière는 이렇게 표현했다. "배운 게 많은 바보가 무식한 바보보다 더 어리석다." 벤저민 프랭클린Benjamin Franklin은 이렇게 말했다. "우리는 이성을 가진 생명체라서 정말 편하게 산다. 왜냐하면 이성은 의지만 있으면 모든 것에 대한 이유를 찾거나 만들어 내기 때문이다."

현대의 사회 과학 역시 몰리에르와 프랭클린의 견해에 동의한다. 심도 있는 전문성을 지닌 사람들은 속임수를 눈치채는 능력이 더 뛰어나다. 하지만 만약 전문가들이 의도적 합리화라는 덫에 걸리면 문제가 더 심각해진다. 진정으로 믿고 싶은 것에 대해 왜 믿어야 하는지 그 이유를 수도 없이 끌어 모을 수 있기 때문이다. 무엇이든 상관없이 말이다.

즉, 각자의 선입견에 치우친 편향된 방식으로 어떤 주장을 검사하고 증거를 평가한다. 증거를 다룬 최근의 연구를 보면, 이러한 경향은 일반인뿐 아니라 소위 '지성적인 사람들' 사이에서도 흔하다는 결론을 내리고 있다. 똑똑하거나 교육을 받았다는 사실은 '의도적 합리화'를 막을 수는 없고, 어떤 상황에서는 오히려 약점이 될 수도 있다.

이에 대한 실제 사례는 정치학자인 찰스 테이버Charles Taber와 밀튼 로지Milton Lodge가 2006년에 펴낸 연구에서 볼 수 있다. 이들은 미국인들이 정치적으로 논쟁적인 사안에 대해서 추론하는 방식을 검토하고자 했다. 이들이 고른 두 가지의 주제는 총기 규제와 차별 철폐 조치였다.

테이버와 로지는 실험 참가자들에게 양쪽의 입장에 관한 여러 가지의 주장을 읽게 한 다음, 그 각각의 주장이 가진 장점과 단점을 평가해 달라고 요청했다. 이렇게 장단점을 모두 검토해 달라는 질문을 받으면, 참가자들이 반대편의 입장까지 고려해서 보다 넓은 인식을 가질 것이라고 긍정적으로 기대했다. 하지만 아니었다. 새롭게 얻은 정보는 참가자들 사이를 더욱 멀어지게 만들었다.

참가자들은 각자가 가진 기존의 믿음을 뒷받침하는 근거를 찾기 위해 주어진 정보를 파헤쳤다. 보다 많은 정보를 찾아 달라는 요청을 받아도, 이미 갖고 있던 생각을 뒷받침해 줄 데이터를 찾았다. 반대되는 주장의 장점을 평가해 달라는 요청을 받으면, 참가자들은 반대 주장을 무너뜨릴 방법을 생각해 내는 데 상당한 시간을 할애했다.

이 실험이 '의도적 합리화'를 보여 주는 유일한 연구는 아니다. 하지만 테이버와 로지의 실험에서 특히 흥미를 끄는 점은 전문 지식이 합리화를 심하게 만들었다는 사실이다. 지적 수준이 높은 사람들일수록 평소 가졌던 선입견을 뒷받침하는 자료들을 더 많이 찾아냈다. 더욱 놀라운 사실은 지적 수준이 높은 사람들이 생각과 반대되는 자료는 오히려 덜 찾았다는 점이다. 마치 전문성을 활용해서 불편한 정보를 적극적으로 회피한 것처럼 보일 정도였다. 자신들의 견해를 뒷받침하는 주장을 더 많이 내놓았고, 반대 주장의 약점을 더 많이 집어냈다. 전문가들은 애초에 도달하고 싶은 결론에 다다를 수 있는 훨씬 더 뛰어난 조건을 갖추고 있었다.

감정은 사실을 외면하게 한다

'의도적 합리화' 가운데 정치적으로 가장 가까운 정서적 반응은 당파성partisanship에서 동기를 부여받는 모습이다. 정치적 연대 의식이 강한 사람들은 여러 사안들에 대해서 '각자의 옳은 편'에 서기를 원한다. 특정 주장을 대했을 때, "우리 편이 생각하는 방식"인지 아닌지에 따라 다르게 반응한다는 것이다.

기후 변화에 관한 주장을 생각해 보자. "인간의 활동이 지구의 기후를 따뜻하게 만들면서, 다가올 삶의 심각한 위협을 초래하고 있다." 상당수는 이런 주장을 정서적으로 받아들인다. 지구부터 화성까지 거리가 얼마인지를 계산하는 것처럼 숫자와 정확성에 대한 내용이 아니라는 얘기다. 기후 위기를 믿고 말고 하는 문제는 정체성의 일부분이다. 우리가 누구며, 친구들은 누구며, 살고 싶은 세상은 어떤 곳인지에 관한 내용들이 담겨 있다. 만약 내가 기후 변화와 관련한 어떤 주장을 기사로 쓰거나 보기 편한 그래프로 만들어서 소셜 미디어에 공유한다면, 사람들의 관심과 참여를 이끌어 낼 수 있다. 주장이 사실이나 거짓이어서가 아니라, 사람들이 기후 위기에 대해서 어떤 식으로든 감정을 느끼기 때문이다.

이 얘기가 의심된다면, 갤럽Gallup의 2015년 여론 조사 결과를 곰곰이 생각해 보기 바란다. 갤럽 조사에서는 기후 변화를 두고 미국 내 민주당원과 공화당원 사이에 거대한 간극이 있다는 사실이 드러났다. 이러한 결과에 어떤 합리적인 이유가 있을 수 있을까?

과학적인 근거는 그야말로 과학적인 근거다. 기후 변화에 대한 생각은 좌파나 우파 같은 성향에 흔들리지 않아야 한다. 하지만 사람들은 흔들린다. 특히 기후 변화에 대한 인식 차이는 교육 수준이 높은 사람들 사이에서 더욱 컸다. 대학 교육을 받지 않은 사람들 중에서는 민주당원의 45퍼센트와 공화당원의 23퍼센트가 기후 변화에 대해서 "대단히" 우려하고 있었다. 하지만 대학 교육을 받은 사람들 중에서는 기후 변화를 대단히 우려하는 응답이 민주당원 50퍼센트, 공화당원 8퍼센트였다. 과학적인 문해력literacy을 고려해 봐도 비슷한 양상이 유지된다. 과학적인 문해력이 높은 공화당과 민주당원이 가진 인식의 차이는 그렇지 않은 당원들에 비해서 훨씬 크게 나타난다.

정서적인 측면이 없다면, 더 높은 수준의 교육과 더 풍부한 정보는 사람들이 진실을 두고 합의하는 데 확실하게 도움이 될 것이다. 최소한, 현재의 조건에서 최선의 의견에 다다르게 할 수도 있다. 하지만 기후 변화라는 주제에 주어지는 더욱 많은 정보는 오히려 사람들을 양극화시키는 데 적극적으로 작용하고 있다. 이 사실만으로도 감정이 얼마나 중요한지를 알 수 있다. 사람들은 자신의 믿음과 가치에 일치하는 결론에 다다르기 위해서 안간힘을 쓰고 있다. 지식이 풍부하다는 것은 원하는 결론에 도달하는 데 필요한 무기를 더 많이 갖고 있다는 의미다.

확신에 가득 차 단언할 수는 없더라도, 기후 변화의 경우 객관적인 진실이 존재한다. 하지만 지구에 사는 80억 명 중 단 한 명의 마음속에 드는 생각이 환경에 미치는 영향은 거의 없다. 설령 중국의 국가 주석이라고 하더라도, 언행에 관계없이 기후 변화는 예정된 경로를 밟아 나갈 가능성이 높다. 자기중심적인 관점에서 보자면, 아무리 틀린 의견을 내도 실질적으로 드는 비용은 '0'에 가깝다. 하지만 우리의 믿음이 사회에 미치는 결과는 현실적이며 즉각적으로 나타난다.

미국의 몬태나에서 보리농사를 짓는 농부를 상상해 보자. 뜨겁고 건조한 여름이 지속되면서 농사를 망치는 경우가 많아지는 상황에 놓여 있다. 그런 경우 기후 변화는 중요한 문제이다. 하지만 몬태나의 시골은 보수적인 지역이며, '기후 변화'라는 단어는 정치적인 함의를 갖고 있다. 기후 변화에 대해서 단 한 명이 무엇을 할 수 있을까?

저널리스트인 아리 르보Ari LeVaux는 농부인 에릭 소머펠드Erik Somerfeld가 무기력해지는 과정을 이렇게 묘사한다. "소머펠드는 들판에 서서 시들어 가는 농작물을 보고면서 피해 원인이 무엇인지 명백하게 알 수 있었다. '기후 변화'였다. 하지만 친구들과 함께 술집에 들어가면, 그의 어조가 바뀌었다. 그는 '변덕스런 날씨'와 '더 건조해지고 뜨거워진 여름'이라는 단어들을 사용하지 않았다. 입 밖에 꺼내선 안 되는 단어들이기 때문이다. 이런 대화 방식은 요즘 농촌에서 드물지 않다."

만약 소머펠드가 미국 오리건의 포틀랜드나 영국 이스트서식스의 브라이튼에 살고 있었다면, 동네 술집에서 말조심할 필요가 없다. 오히려 기후 변화를 아주 심각하게 받아들이는 친구들과 어울렸을 가능성이 높다. 그리고 그런 친구들 사이에서 기후 변화는 중국의 거짓말이라며 시끄럽게 외치고 돌아다니는 사람은 곧바로 따돌림 당하기 마련이다.

교육을 받은 사람들이 기후 변화라는 주제에 대해서 양극단으로 갈린다는 사실은 결국 그리 놀라운 일이 아닐 수도 있다. 인류는 수십만 년 동안 진화하면서 주변 환경에 어울리는 일을 깊이 신경 쓰게 됐다. 이런 사실은 정보를 더 많이 가진 사람일수록 정치적으로 의견이 나눠지는 주제에서 '의도된 합리화'의 덫에 걸릴 위험성이 더 높다는 테이버와 로지의 연구 결과를 설명해 준다. 주변 지인들이 이미 믿고 있는 사실을 보다 설득력 있게 설명할 수 있다면, 더욱 존중받을 수 있다는 뜻이다.

잠시 판단을 멈추고 생각하라

'잘못된' 무언가로 인한 사회적인 결과가 심각하다고 하더라도, 실질적인 결과가 미미하다면 잘못된 길로 이끌리기 쉽다. 수많은 논란들이 정치적 성향에 따라 분열되는 상황은 우연은 아니다.

　"나는 정치적인 신조가 있지만 당신은 편향돼 있다" 혹은 "그는 비주류 음모론자다" 같은 '의도된 합리화'는 그저 남일이라고 생각되기 쉽다. 하지만 우리 모두가 때때로 머리보다는 가슴으로 생각한다는 사실을 인정하는 게 현명하다.

　킹스칼리지런던King's College London의 신경과학자 크리스드 메이어Kris De Meyer는 학생들에게 다음과 같은 글을 보여 줬다. 마치 환경 운동가가 기후 변화를 부정하는 입장에 대해 문제의식을 설명하는 내용처럼 보인다.

　부정하는 이들의 활동을 요약하면 다음과 같다. (1)그들의 노력은 공격적이었던 반면, 우리의 노력은 방어적이었다. (2)부정하는 이들은 마치 철저한 행동 계획을 세워 놓은 것처럼 질서정연하게 움직인다. 나는 부정적인 세력들이 열심히 노력하는 기회주의자이라고 특징지었다. 그들은 신속하게 행동했다. 과학계를 공격하며 사용하는 정보의 유형에는 전혀 원칙이 없어 보였다. 하지만 우리가 관련 사안을 다루고 언론 매체와 대중에게 이야기를 전달하는 방식은 의심의 여지 없이 서툴렀다. 아무리 좋은 내용이라도 마찬가지였다.

글을 읽은 학생들은 모두 기후 변화를 부정하는 사람들의 연막작전과 냉소주의를 비판하는 내용에 격하게 동의했다. 학생들은 모두 기후 위기에 전적으로 동조하는 입장이었기 때문이다. 하지만 드 메이어가 공개한 글의 출처는 최근에 주고받은 이메일이 아니었다. 기후 변화가 아닌 1960년대 담배 업계에 종사하던 한 마케팅 임원이 쓴 악명 높은 내부 메모 중 일부를 그대로 발췌한 글이었다. 메모는 '기후 변화 부정론자들'이 아니라 '담배 반대 세력'을 비판하는 내용이었지만, 아무것도 바꿀 필요가 없었던 것이다.

기후 변화가 사실이라고 맞는 주장을 하든, 또는 담배와 암 발병 사이에는 아무런 관계가 없다고 틀린 주장을 하든 상관없다. 위의 예시와 동일한 글로 서로의 주장을 펼치며 각자가 옳다고 똑같이 확신을 가질 수 있다.

민감해질 수밖에 없긴 하겠지만, 개인적으로 겪은 사례를 하나 들어 보겠다. 좌파 성향이며 환경 문제를 의식하는 내 친구들은 기후를 연구하는 과학자들을 향한 인신공격을 당연히 비판적으로 바라본다. 기후 학자들을 공격하는 내용은 뻔하다. 과학자들이 정치적인 편향성을 갖거나, 큰 정부big government에서 연구 자금을 받아 내려고 안간힘을 쓰면서 기후 데이터를 조작한다고 주장하는 식이다. 간단히 말해서, 증거를 갖고 따지기보다는 개인을 비방한다.

기후 학자 공격을 비판하는 내 친구들은 동료 경제학자들을 공격할 때 위와 비슷한 유형의 전략을 받아들이고 더욱 확장시킨다. 경제학자들이 정치적인 편향성 때문에, 또는 대기업들에게 돈을 받아 내려고 안간힘을 쓰고 있기 때문에 데이터를 만들어 낸다는 것이다. 나는 평소 이성적인 지인에게 기후 과학자 공격과 경제학자 공격의 비슷한 점을 이해시키려고 애썼지만, 아무런 소득도 얻을 수 없었다. 지인은 내 얘기를 전혀 이해하지 못했다. 가능은 하겠으나, 이런 지인의 태도를 이중 잣대로 부르는 건 정당하지 않다. 이중 잣대에는 고의적이라는 암시가 들어있다. 사실은 그렇지 않다. '의도적 합리화'는 타인에게서는 쉽게 발견할 수 있지만 스스로 깨닫기는 매우 어려운 무의식적인 편견이다.

통계를 근거로 하거나 과학적인 주장을 대하는 감정적 반응은 중요하지 않거나 부차적인 문제가 아니다. 감정은 어떠한 논리보다도 우선해서 믿음을 형성할 수 있고, 또 자주 그렇게 작용한다. 정치적 당파성이나 계속해서 커피를 마시고 싶은 욕망, HIV 진단이라는 현실을 직시하지 않으려는 마음 등, 확고한 근거는 의심하고 낯선 사실을 믿는 일이 벌어진다. 감정적인 반응을 불러일으키는 여러 원인들이 우리 스스로를 설득하기 때문이다.

그렇다고 절망해선 안 된다. 감정을 조절하는 법은 배울 수 있다. 성장하는 과정의 일부분이다. 첫 번째 간단한 단계는 감정을 알아차리는 것이다. 통계를 근거로 한 주장을 접하면, 반응에 주의를 기울여야 한다. 만약 격분, 환희, 부정 등의 기분을 느낀다면, 판단을 잠시 멈추고 곰곰이 생각해 봐야한다. 감정이 없는 로봇이 될 필요는 없지만, 느낌만큼 생각을해야만 한다. 할 수 있다.

대부분 사람들은 사회적으로 유리할 수 있는 상황에서도 스스로를 적극적으로 속이고 싶어 하지는 않는다. 특정한 결론에 도달해야 하는 이유를 갖고 있기는 하지만, 사실이라는 요소 또한 중요하다. 수많은 사람들은 스타 영화배우나 억만장자가 되길 원한다. 숙취에 면역력을 갖고 싶어 한다. 하지만 실제로 이뤄지리라고 믿는 사람들은 거의 없다. 무언가를 갈망하는 욕망에는 한계가 있다. 판단을 내리기 전에 셋을 세는 버릇을 들이고 무릎 반사처럼 즉각적으로 반응하는 상황을 더 많이 알아차릴수록, 진실에 더욱 가까워질 수 있다.

예를 들어 보겠다. 교수들로 이루어진 어떤 연구 팀에서 수행한 여론 조사를 보면, 대부분의 사람들은 진지한 저널리즘과 가짜 뉴스를 완벽하게 구분할 수 있다. 거짓이 아닌 진실을 널리 알리는 것이 중요하다는 데에도 동의한다. 하지만 그런 사람들도 "500명이 넘는 이민자 집단이 자살 폭탄 조끼를 입은 채로 체포됐다"와 같은 기사를 기꺼이 공유한다. '공유하기'를 클릭하기 전에 잠시 멈춰서 생각하지 않았기 때문이다. '이게 사실일까?'라거나 '내가 이 사실이 중요하다고 생각하는가?'라고 자문하지 않았다.

대신에 모든 사람은 인터넷이 정신을 끊임없이 산만하게 만든다는 사실을 알고 있으면서도, 인터넷 서핑을 하면서 감정과 당파성에 휩쓸린다. 하지만 잠시 멈춰서 곰곰이 생각해 보는 것만으로도 충분히 수많은 거짓 정보를 걸러낼 수 있다는 사실은 그나마 다행이다. 오래 걸리지도 않는다. 모두가 할 수 있는 일이다. 해야 할 일은 잠시 멈춰서 생각하는 습관을 갖는 것뿐이다.

선동적인 밈meme이나 열변을 토하는 발언들은 사람들을 고민 없이 잘못된 결론으로 건너뛰게 만든다. 침착해져야 한다. 수많은 논조들은 욕망과 동정심, 분노를 끌어 올리기 위해 만들어졌다. 도널드 트럼프가 사람들이 잠시 멈춰서 차분히 생각하게 유도하는 내용을 트위터에 올린 적이 있었던가. 그린피스Greenpeace도 마찬가지다.[3] 오늘날 누군가를 설득하려는 사람들은 상대방이 멈춰서 생각해 보길 원하지 않는다. 대신 다급함을 느끼기를 원한다. 그러니 서두르면 안 된다.

댄 핸콕스(Dan Hancox)는 영국 런던에서 활동하고 있는 프리랜서 저널리스트다. 음악과 정치, 도시와 문화에 관한 글을 《가디언》 등에 기고하고 있다.

역자 최혜윤은 한양대학교에서 커뮤니케이션을 공부하고 미국 뉴욕 주립대 스토니브룩(Stony Brook)에서 실험심리와 인지과학을 전공했다. 인간, 기술, 문화의 융합 이슈에 많은 관심이 있으며 현재 연세대학교 의과대학에서 뇌와 행동을 연결시키는 뇌인지과학 분야를 연구하고 있다.

군중이 사라졌다

코로나19 봉쇄령이 다가오던 지난 3월, 나는 400마일(643킬로미터)이나 떨어진 지역의 축구팀 응원가에 사로잡혀 있었다. 에든버러Edinburgh 주민들이 집 발코니에서 프로클레이머스(The Proclaimers · 스코틀랜드 락 듀오 밴드)의 노래 〈선샤인 온 리스Sunshine on Leith〉를 불렀다는 뉴스가 계기였다. 나는 그 노래를 찾아봤다. 스코틀랜드 축구팀 히버니안Hibernian FC의 팬 2만 6000여 명이 2016년 스코틀랜드컵 대회 우승 직후 햇볕이 내리쬐는 햄든 파크Hampden Park 구장에 모여 노래를 열창하는 아름다운 영상을 발견했다. 두 팀 선수들은 모두 경기장을 떠난 뒤였고, 상대였던 레인저스Rangers FC 응원석은 절반이 비어 있었다. 하지만 마치 축구 팬들이 공연자이자 관객이 된 하나의 콘서트 같았다.

　　나는 넋을 잃고 그 영상을 보고 또 봤다. 집단이 만든 환희의 광경과 소리는 현실을 초월한 듯 했다. 수만 명의 팬들은 모두 녹색과 흰색의 스카프를 하늘 높이 들어 올린 채 목청껏 노래를 불렀다. 관중의 노래가 후렴구에 이르렀다. 스마트폰 영상이 뿜어낼 수 있는 음량의 한계에 도달했다. 찢어지는 굉음이 나올 정도로 폭발적이었다. 나는 노래를 못 부르는 사람들의 모임인 '튠리스 합창단Tuneless Choirs'의 리더 중 한 사람이 했던 말을 떠올렸다. "충분한 숫자의 사람들이 충분한 음량으로 부르는 노랫소리는 언제나 좋습니다." 개개인의 부족함은 감춰지고, 합창단은 부분의 합보다 위대해진다. 팝스타 한 명이 슈퍼볼Super Bowl에서 미국 국가 '별이 빛나는 깃발The Star-Spangled Banner'을 부르는 모습을 상상해 보자. 제아무리 훌륭한 노래라도 혼자 부르면 빈약하고 터무니없게 들릴 수 있다. 좋은 노랫소리에는 화음이 주는 흥분과 불협화음이 내는 거슬림까지도 들어가 있어야 한다. 자부심과 기쁨, 고결함이 서로 부대끼는 충만한 소리가 필요하다.

〈선샤인 온 리스〉는 사랑 노래다. 하지만 축구장에서 불린다면 사랑하는 사람이나 승리한 축구팀 선수들, 혹은 스코틀랜드의 동남부 지방 '리스'를 노래하지 않는다. 관중 2만 6000명은 서로를 향해 노래하고 있어 보였다. 가지각색의 다양한 목소리는 〈선샤인 온 리스〉를 군중을 위한 사랑 노래로 바꿨다. "지구에 머무를 가치가 있는 동안, 나는 당신과 함께 있을 거예요. 신이 리스에 햇빛을 내리는 동안, 나는 신이 하는 일과 당신, 나의 존재를 감사하겠어요." 유튜브 댓글을 보니, 밀월Millwall FC에서 리옹Lyon FC에 이르는 다른 축구팀들, 심지어 히버니안의 최대 라이벌인 하츠Hearts FC의 팬들까지도 히버니안의 팬들을 축하했다. 우승이나 팀의 활약이 아닌 팬들에게 보내는 축하였다. 댓글 중에는 "경찰 기동대의 말들조차 눈물을 흘렸다"는 내용도 있었다.

마침내 봉쇄령이 내려졌을 때, 나는 군중을 떠올리게 하는 다른 노래들을 듣기 시작했다. 한 구절만으로 옛 연인이나 친구를 떠오르게 하는 노래들, 낯선 사람 수천 명과 함께했던 경험이 어떤 기분이었는지에 대한 기억을 상기시키는 노래들을 듣고 싶었다. 가수 드레이크Drake의 〈나이스 포 왓Nice for What〉과 레게 가수 코피Koffee의 〈토스트Toast〉는 노팅힐 축제Notting Hill Carnival의 군중들 속을 취한 채 걸었던 그때로 나를 데려다줬다. 당시에 나는 가슴을 울리는 베이스 소리에 휩싸이곤 했다.

나는 천장이 낮은 어두운 클럽에서 춤추며 만끽했던 해방감을 다시 느끼고 싶었다. 축구팀 AFC 윔블던AFC Wimbledon의 경기장에서 터무니없는 심판 판정에 항의하며 추운 겨울 공기 속으로 소리를 내지르던 때가 그리웠다. 내 작은 목소리가 다른 사람들의 목소리와 합쳐지면서 강해지던 느낌, 그 속에서 응원하던 기쁨이 간절했다. 축제와 축구 경기, 카니발, 시위 군중 속으로 처음 발을 내딛는 순간의 불안과 현기증이 뒤섞인 짜릿함, 지나치다 싶을 만큼 자극적인 느낌, 주의를 잡아끄는 소음과 색채의 물결, 군중의 일부가 되어 힘을 얻을 수 있겠다는 기대감, 내 일부와 독립성을 군중 속에서 기분 좋게 잃는 기쁨. 모든 게 그리웠다. 나와 같은 길을 택한 수많은 사람과 함께 있다는 사실을 확인할 때 뇌리에 휘몰아치는 집회의 기이한 힘이 그리웠다. '어떻게 내가 틀렸을 수 있겠어. 이 많은 사람이 모두 여기 있는데' 이런 생각을 하곤 했다.

많은 사람들이 군중을 그리워하고 있는 동안, 코로나는 군중이란 단어를 완전히 다른 의미로 만들었다. 모임은 갑자기 반사회적이 됐다. 사람들과 모이는 행위는 치명적인 바이러스를 부주의하게 확산시키고, 타인의 생명보다 당장의 사회적 욕구에 더 관심이 많다는 것을 의미했다. 무리지은 사람들은 '경고 신호'처럼 보였다. 파티가 열린다는 소문에 다들 고개를 가로저었다. 첼트넘 페스티벌Cheltenham Festival이나 락 밴드 스테레오포닉스Stereophonics의 카디프Cardiff 공연 사진을 마치 공포 영화의 한 장면처럼 공유했다. 축제, 모임, 집회, 파티, 행진, 합창, 시위, 경기장의 관중, 공연장, 클럽, 극장, 영화관. 모든 모임은 치명적이고 위험한 존재가 됐다. 봉쇄령이 완화되면서 사람들은 다시 공원과 해변에서 만나기 시작했다. 인종차별의 부당함에 맞서는 '흑인 생명은 소중하다' 시위와 '멸종 저항(Extinction Rebellion·기후 변화 방지 운동 단체)' 시위에도 모였다. 하지만 우리가 알던 의미의 군중은 앞으로 긴 시간 동안 돌아오지 않을 가능성이 높다.

판데믹 확산에 따른 필요성과 별개로, 코로나 봉쇄령 이전부터 군중은 위협받아 왔다. 우리는 점점 더 작은 단위로 쪼개져 집 안으로 밀려들었다. 군중은 길들여졌고, 갇혔고, 감시당했다. 군중의 일부가 되기란 계속 힘들어지고 있다. 사람들이 자유롭게 모일 기회는 90년대 이후 크게 줄었다. 하지만 인류 역사를 통틀어 군중에게는 언제나 회복력이 있었다. 군중을 와해하려는 많은 방법들이 새롭게 만들어지더라도, 군중은 항상 다시 모일 방법을 찾게 돼 있다.

군중의 두 얼굴

군중은 언제나 나쁜 평을 받아 왔다. 온화하거나 친밀한 폭도 집단은 없다는 식이었다. 흥분과 해방감은 기괴한 범죄로 이어질 수도 있다. 미국에서 일어난 집단 폭행 사건도 마찬가지지만, 최근 인도에서 힌두교 민족주의 집단이 이슬람교도를 공격하는 모습을 보려고 모여든 군중은 단순한 구경꾼이 아니었다. 일종의 공범이었다. 사람들의 존재와 묵인은 폭력을 도왔다. 군중의 앞쪽과 뒤쪽에 있는 사람들은 서로에게 힘을 실어 준다. 유럽 축구 원정 경기가 끝나고 야밤의 광장에서 처음으로 카페 의자를 집어 던진 훌리건 리더는 다른 소심한 군중들이 부담 없이 '협조의 문턱'을 넘어 동참하게 만든다.

축하나 응원을 하는 군중들도 잘못된 행동을 하며 비교하기 어려울 정도의 공포를 불러일으킨다. 실제로 공황에 빠진 대규모 군중은 두려움을 느끼게 한다. '내달리는 군중 속에 휘말린다'거나 '죽을 만큼 짓밟힌다'만큼 오싹한 장면도

찾기 힘들다. 사망자 96명이 나온 1989년 영국 힐스브로Hillsborough 참사, 21명이 질식사한 2010년 독일 뒤스부르크 러브 퍼레이드Duisburg Love Parade, 압사 사고로 2400명이 희생된 2015년 성지 순례는 마음속 깊은 곳에서 공포심을 갖게 한다. 평화롭고 질서 정연한 군중들조차도 누군가에게는 엄청난 불안감이나 외상 후 스트레스 장애PTSD를 유발하는 두려운 존재가 될 수 있다.

그간 일어났던 비극적 사건들로 인해 폭동이든, 시위든 상관없이 군중은 위험하고 비정상적인 형태로 여겨졌다. 그러나 지난 몇 십 년 동안 사회 심리학자, 행동 과학자, 인류학자들의 연구에 힘입어 군중 행동의 복잡성에 대한 새로운 이해가 점차 영향력을 얻고 있다.

대부분의 사람에게 군중은 매혹적일 수 있다. 무리에 포함되고자 하는 욕망은 본능이다. 춤추고, 구호를 외치고, 축제를 열고, 코스튬을 입고, 노래하고, 행진하며 의례적인 축하를 하기 위해 함께 모이는 역사는 인류 행동에 대한 최초의 기록까지 거슬러 올라간다. 2003년 노팅엄셔Nottinghamshire에서 1만 3000년 된 '콩가 춤conga lines'을 추는 여성들을 그린 동굴 벽화가 발견됐다. 고고학자 폴 페티트Paul Pettitt는 벽화가 다른 유럽 전역의 그림들과 궤를 같이한다고 봤다. 유럽 대륙을 아우르는 구석기 시대 집단적 노래와 춤 문화의 일부를 표현했다는 뜻이다.

바버라 에런라이크Barbara Ehrenreich는 2007년 저서 《거리에서 춤을Dancing in the Streets》에서 로빈 던바Robin Dunbar를 포함한 인류학자들의 연구를 조명했는데, 춤과 음악을 창작하는 행위가 석기 시대의 가족들에게는 더 큰 집단에 합류해 함께 사냥하고, 포식자에게서 서로를 보호할 수 있는 사회적인 연결의 매개체였다고 결론지었다. 에런라이크는 집단적 기쁨의 의식이 인류 발전사에서 언어만큼이나 고유하다고 봤다. 최근 던바와 다른 인류학자들은 "낯선 사람들로 구성된 모임이 함께 노래하고 결속하는 능력은 현대 인류의 성공적인 진화에 영향을 미쳤을 수도 있다"는 주장을 실험으로 보여 줬다.

사회와 종교계의 리더들은 오랫동안 군중의 힘에 집착해 왔다. 스스로를 미화하기 위해 군중의 에너지를 이용하려하거나, 아니면 아예 조직을 이끄는 추진력을 얻기 위해 군중을 길들이려고 했다. 에런라이크는 저서에서 무절제하게 춤을 추며 쾌락만을 추구하는 일부 신자를 근절하려는 중세 교회의 투쟁부터 보여 준다. 이후 몇 세기가 지나고 종교 개혁과 산업 혁명이 진행되면서 축제와 기념일, 스포츠 등 수많은 의식과 모임이 법으로 금지됐다. 사람들이 술에 취하는 등 이교도적이며 경건하지 않다는 이유였다. 피터 스틸리브래스Peter Stallybrass와 앨런 화이트Allon White는 저서 《그로테스크와 시민의 형성The Politics and Poetics of Transgression》에서 "17세기에서 20세기 사이 유럽에서 대중적인 축제를 금지하려는 수천 건의 법률이 제정됐다"고 했다.

군중 심리와 집단행동에 대한 공식적인 연구는 산업화된 도시들의 규모가 폭발적으로 증가한 19세기에 이르러서야 시작됐다. 귀스타브 르 봉Gustave Le Bon과 같은 사상가들은 18세기 프랑스 혁명을 두고 '군중은 항상 폭도가 되기 직전의 존재'라는 생각을 퍼뜨리는 데 일조했다. 선동된 군중들이 집단 광기 속에서 순식간에 폭력적으로 바뀌어 선량한 시민들까지 휩쓸 수 있다는 것이다. 르 봉은 "인간은 조직화된 군중의 일부가 된다는 사실만으로도 문명의 사다리에서 몇 단계 내려가게 된다"고 했다.

영국 킬대학Keele University의 사회 심리학 교수 클리포드 스토트Clifford Stott는 "르 봉 시대 이후 군중 심리에 대한 연구가 활발히 진행됐음에도 불구하고 여전히 '군중은 폭도가 되기 직전의 존재'라는 시각이 자리 잡고 있다"고 말했다. 2011년 영국 전역에서 일어난 폭동에 대한 언론 보도는 르 봉과 같은 19세기 초기 군중 심리학자들의 편견을 반영하고 있다. 보도를 보면, 폭동은 문명사회를 향한 병적인 침입이었다. 일부 선동가가 안정되고 만족스럽게 살던 대다수에게 퍼뜨린 전염병과도 같았다. 특히 언론은 블랙베리BlackBerry 메신저를 통해 시위를 조율한다고 알려진 정체불명의 '범죄 조직'에 초점을 맞췄다. 3만 명으로 추산된 참가자들은 '흉악한 폭력배'로 묘사했다. '폭도', '동물'. 신문 1면의 헤드라인은 거침없었다. "폭도들의 지배Rule of the mob", "욥이 지배한다(Yob은 Boy의 철자를 뒤집은 것으로, 비뚤어진 영국 청소년 문화를 일컫는다)", "타오르는 얼간이들Flaming morons". 일부 진보 세력은 당시 데이비드 캐머런David Cameron 영국 총리에게 "약탈자looters들을 사격해라. 물대포를 쏴라"는 등 군대 파견까지 요구했다고 전해진다.

스토트는 "과학적인 관점에서 고전적인 군중 이론은 타당성이 없다는 점을 인식해야 한다"고 말한다. "고전적인 군중 이론은 현상을 설명하지도, 예측하지도 못합니다. 그런데도 어디에서든 이 이론에 대한 이야기를 들을 수 있죠." 이유는 간단하다. "권력을 가진 지배층의 입장에서 매우 편리한 이론이기 때문입니다. 고전 이론은 의미 없는 군중의 폭력을 앞뒤 다 자르고 병리학적으로만 가공하며 억압을 정당화합니다." 그의 지적처럼 고전 이론은 군중의 광기에 폭력의 모든 책임을 떠넘긴다. 대신 권력자들은 폭력이 발생한 원인에 대한 책임을 스스로 면밀히 검토하지 않아도 되는 편리함을 얻는다. 미국 인종차별 반대 시위를 두고 법무부 장관은 폭력을 부추겼다는 '외부 선동가outside agitators'들을 비난했고, 도널드 트럼프 대통령은 '전문적으로 조직된 폭력배들thugs'이라고 언급했다. 르 봉이 19세기에 주장했던 군중의 개념을 정확히 이용했다.

군중 행동과 관련해 최근 수십 년 동안 이어진 구체적인 분석과 연구들은 더욱 정교해진 시각을 제공하며 오래된 가정들을 반박한다. 군중 심리를 연구하는 에든버러대 앤 템플턴Anne Templeton 교수는 "군중이 가진 능력은 놀랍다. 군중은 스스로를 감시하고 통제한다. 사회 친화적인 행동을 자주 실천하면서 집단 내부의 다른 구성원을 지지하기도 한다"고 평가한다. 템플턴 교수는 2017년 맨체스터 아레나Manchester Arena에서 발생한 폭탄 테러 공격을 예로 들었다. 당시 CCTV에는 응급 구조대가 도착하기 전에 부상자들을 응급 처치하는 시민들의 모습이 담겼다. 시민들은 피해자들에게 음식과 피난처, 교통수단은 물론 정서적인 지원도 주기 위해 모여들었다. "사람들은 비상 상황에서 모르는 사람들에게, 특히 피해자들이 자기 그룹의 일원일 때, 놀랄 만큼 많은 도움을 줍니다."

템플턴 교수에 따르면, 소속된 군중 속에 있을 때 뇌에서는 신기한 일들이 일어난다. 더 큰 행복감과 자신감을 느낄 뿐 아니라, 혐오감에 대한 역치閾値도 낮아진다. 축제 참가자들은 땀 냄새를 느낄 정도로 낯선 사람들과 가깝게 모여 즐겁게 술을 나눠 마신다. 하지Hajii 성지 순례자들은 때때로 피가 묻은 면도기를 나눠쓰며 머리를 민다. 군중 속에 있기 때문에 안전하다고 느낀다.

군중 안에서 힘의 작용이 얼마나 복잡하게 이뤄지는지 이해하면, 오히려 핵심은 간단하다. 군중은 선과 악을 모두 자극하는 잠재력을 갖고 있다. 군중 속에서 자아를 잃어버리면 열광적인 분위기만큼 상상할 수 없는 폭력에 이끌릴 수도 있다. 군중의 열정이 최근 수십 년 동안 영국 기득권 세력에게 입힌 타격은 폭력만큼 강력했다.

불가리아 작가 엘리아스 카네티Elias Canetti는 1960년도 저서 《군중과 권력Crowds and Power》에서 "열린 군중이야말로 진정한 군중이다"라고 썼다. 열린 군중은 권력자들에게 형태와 규모를 제한받지 않고 '자연스럽게 성장하는 군중'이다. 카네티는 "예수의 산상 설교The Sermon on the Mount와도 같은 근본 원리도 열린 군중에게 전해졌다"고 썼다. 아부하는 무리, 세뇌된 광신교, 발을 맞춰 행군하는 군대는 유연하고 민주적이며 권력에 반하는 집회와는 거리가 아주 멀다. 하지만 '열린 군중'을 찾기란 점점 어려워지고 있다. '열린 군중'이 개방성을 유지하기도 힘들어진 세상이다.

20세기 말, 대중문화 측면에서 두 차례에 걸쳐 일어난 무질서했던 폭발은 현대 영국 군중에 대한 고정 관념을 만들었다. 첫 번째는 1970~80년대 축구 팬덤과 과격한 팬들이 저지른 여러 가지 범죄들과 피할 수 있었던 힐스브로의 비극이

꼽힌다. 96명이 숨진 힐스브로의 비극은 군중을 짐승과도 같은 폭력 단체로 보는 당국의 시각을 만들어냈다. 그리고 이 시각은 언론과 경찰, 정치인, 축구 기관에 스며들어 공포와 혐오감을 불러일으켰다. 두 번째는 1980년대 후반에서 90년대 초반의 애시드 하우스acid house와 레이브rave 파티, 즉 영국 전역의 들판과 버려진 창고에서 밤새 음악을 듣고 춤을 추는 하위문화의 폭발이었다. 미디어는 불법적이거나 사회 통념에서 벗어나는 '악마의 문화'처럼 묘사했지만, 영국의 하위문화는 번성했고, 규제에 대항했다. 하지만 법을 이기진 못했다. 이후하위문화 모임을 조직하려는 사람들에게 상황은 예전 같지 않았다.

경찰은 '자유로운' 레이브 파티를 감시하고 단속했다. 다른 사람들의 접근도 막았다. 이는 정부가 쇠스랑을 든 군중만큼 행복한 군중도 두려워한다는 사실을 보여 준다. 몇 년 전, 소설가 하리 쿤즈루Hari Kunzru는 90년대에 만끽했던 젊음을 돌아보며 레이브 파티를 회상했다. "고동치는 베이스 음을 느낄 때, 참을 수 없을 정도의 흥분을 느꼈습니다. 한 몸처럼 몸을 일으키는 댄서들, 우리가 서로 함께 연결된 공간은 황홀한 환상과도 같았습니다."

절정을 맞이했던 '레이브 시대'는 우스터셔Worcestershire 지역의 야외에 2만 명이 넘게 모여 일주일 간 자유롭게 벌였던 1992년 캐슬모턴 커먼 페스티벌Castlemorton Common Festival에서 끝이 보이기 시작했다. 캐슬모턴 커먼 페스티벌을 두고 소설가 앤서니 버제스Anthony Burgess는 "개인의 지능을 아메바 수준으로 떨어뜨리는 거대 군중"이라고 일간지《이브닝 스탠더드Evening Standard》에 밝혔다. 소설가 한 명의 현실 도피주의적 환상이었지만, 누군가에게는 문명의 붕괴로 작용했다. 마거릿 대처Margaret Thatcher에서 존 메이저John Major 총리로 정권 교체가 일어나던 시기를 맞아 타블로이드 신문과 경찰, 지주, 보수당은 레이브 파티에 모인 군중을 해산시키는 일에 집중했다. 파티에 모인 사람들은 불법 점거자와 학교 중퇴자부터 마약 복용자, 히피, 사냥 반대론자, 도로 건설 반대 시위자, 그리고 여행자들까지 다양했다.

1994년 영국 의회는 시끄러운 음악을 트는 모든 종류의 야외, 야간 공개 모임을 금지하는 소위 '공공질서 유지에 관한 법안the Criminal Justice and Public Order Act'을 통과시켰다. 법안은 금지 대상 음악을 두고 '일련의 비트를 반복하는 모든 소리 또는 대부분을 포함한다'고 명시했다. 적용 대상이 모호하다는 문제는 상원 토론 과정에서 사라졌다. 보수당 원내 부대표이자 세습 귀족인 얼 페러스Earl Ferrers는 "레이브 파티는 제한하되 파바로티Pavarotti의 공연이나 바베큐 파티, 이른 저녁 시간의 댄스 파티는 제한하지 않는다"는 수정안을 제안했다.

나는 당시 이 모습을 보고 "정부가 세계적인 성악가인 파바로티를 감옥에 가두는 위험을 무릅쓰지 않길 바란다"고 다른 사람에게 말했다.

레이브 파티를 즐기던 사람들은 가만히 있지 않았다. 평소처럼 축하하고 놀면서 현실을 외면하지 않았다. 그들은 집회의 권리를 따져 물었다. 수만 명이 법안이 통과되기 전인 1994년 10월에 3개의 법안 부결 시위Kill the Bill에 모인 것이다. 상의를 벗고 드레드락(길게 땋은 형태) 머리를 한 시위 참가자들이 휘파람을 불고 환호성을 지르며 음악 박자에 맞춰 다우닝가Downing Street의 정문을 흔들 때 분위기는 절정에 달했다. 당시 촬영한 영상을 보면 반소매 셔츠를 입은 경찰이 공포에 질려 있는 동안 한 시위자가 정문 꼭대기에 올라앉아 태연하게 담배를 피우고 있다. 타임캡슐 같은 장면이다. 시위하는 군중들이 총리 관저에 그렇게 가깝게 다가가는 일을 지금은 상상하기 어렵기 때문이다.

결국 법은 자유로운 파티 문화를 없애 버렸다. 힐스브로 참사와 마찬가지로 그 영향은 오늘날까지 남아 있다. 사실 이 법은 집회의 자유를 막는 제한 조치의 시작이다. 지난 25년 동안 감시 기술의 발달과 많은 공공 공간의 민영화로 군중은 힘든 시기를 보냈다. 1990년대에는 내무부 범죄 예방 예산의 78퍼센트가 CCTV를 설치하는 데 쓰였고, 2000년에서 2006년 사이에는 공적 자금 5억 파운드(7430억 원)가 추가로 투입됐다. 런던은 한때 세계에서 가장 감시 체계가 잘 갖춰진 도시였다. 아직도 중국을 제외하고 1인당 CCTV의 수가 런던보다 많은 도시는 없다.

CCTV의 폭발적인 증가는 21세기 도시가 군중의 자유를 방해하는 방법 중 하나일 뿐이다. 도시 재생 프로그램은 주민들이 직장과 상가를 효율적으로 오가도록 고안됐다. 사회적 시민이 아닌, 업무와 거래 과정에서만 상호 작용하는 호모 에코노미쿠스Homo economicus를 위해 만들어진 공간인 셈이다. 맨체스터Manchester의 스피닝필드Spinningfields, 리버풀 원Liverpool One, 모어 런던More London과 같은 현대 영국의 도시 재생 구역이 군중들의 잠재적 모임 장소라는 주장은 신기루처럼 들린다. 진정한 공공 공간이 개인 소유의 공공 공간으로 대체됐기 때문이다. 경호원들이 순찰하는 공간들은 사적 규칙과 규정으로 보호된다. 공간의 소유주들은 정치적 집회와 시위를 금지한다. 또 원할 때마다 누구든 다른 곳으로 이동시킬 수 있는 완벽한 권리를 가지고 있다.

2011년 '런던을 점령하라Occupy London' 시위대가 런던 증권 거래소 근처 파터노스터 광장Paternoster Square에 캠프를 만들려고 했다. 이때 경찰은 광장을 사유지로 인정하는 법원 명령을 집행했고, 바리케이드를 치며 캠프 설치를 막았다.《옵

저버Observer》의 건축 평론가 로완 무어Rowan Moore는 "매우 이상한 일이었다"며 "파터노스터 광장 재개발과 관련된 모든 건축 관련 성명서, 개발 계획 신청서, 보도 자료에서 '사유지'를 '공공장소'로 명시하고 있었기 때문"이라고 기록했다.

무질서를 질서로 만드는 법

공공질서 관련 법 제정으로 영국의 도시는 군중을 쉽게 제어할 수 있도록 변했다. 그러자 이제는 시민들이 달라지기 시작했다. 21세기 군중들은 손끝에 새로운 기기와 기술을 지니고, 새로운 법과 도시에 적응해 나갔다. 비평가 하워드 라인골드Howard Rheingold는 선견지명이 담긴 2002년의 저서 《현명한 군중Smart Mobs》에서 만나기도 전에 함께 행동할 수 있는 새로운 유형의 군중에 주목했다. 그는 2001년 필리핀 마닐라에서 일어난 조셉 에스트라다Joseph Estrada 대통령의 탄핵을 이끈 시위에서 대규모 문자 메시지가 활용된 사례를 언급했다. 그는 이동 통신의 변혁과 함께 '소셜 쓰나미social tsunami'가 올 것이라고 예상했다.

소외와 고립으로 특징지어진 현대 사회 군중도 반드시 필요한 시기에는 생명력을 갖는다. 2009년 '이란 녹색 혁명Iran green revolution', 2011년 '아랍의 봄Arab Spring', 금융 부패에 저항하는 '점령하라' 시위, 스페인의 '분노한 사람들indignados' 시위, 2013년 터키의 '게지 공원Gezi Park' 시위. 이 모든 대중의 저항 운동은 과거와 달랐다. 눈에 보이는 모습만 고려하면 전혀 예상할 수 없던 새로운 군중의 분노가 나타났다. 대부분은 온라인에서 이미 초기 관계를 형성하고 정치적 교육을 받은 상태였다. 광장에 모인 군중의 슬로건은 '온라인에서 영감을 받고, 오프라인에서 땀을 흘리자'였다.

2010년 겨울, 디지털로 무장한 시위대는 영국 거리도 점령했다. 보수당과 자유민주당이 공동으로 내놓은 긴축 정책과 등록금 3배 인상안에 반대하는 학생들이었다. 경찰은 이른바 '주전자kettle 전술'로 시위대를 고립시켰다. 음식과 물, 화장실, 따뜻한 옷과 의료 지원 없이 몇 시간 동안 시위대를 포위하고 좁은 지역으로 몰고 갔다. 시위대의 사기를 떨어뜨리고 의욕을 꺾기 위해서였다. 하지만 당시 데이비드 라미David Lammy 하원의원이 테레사 메이 내무부 장관에게 "끓어오르게 하는 것이 주전자의 역할 아닌가요?"라고 물었던 것처럼, 주전자 전술은 시위대를 공격적으로 만들었다. 경찰의 주전자 전술은 시위대가 "자중하자"는 전국 학생 연합National Union of Students 지도부의 제안을 무시하고 직접적이고 급진적으로 행동하게 만드는 계기가 됐다.

한나 아우콕Hannah Awcock은 학생이던 2010년에 시위에 참여했고, 지금은 에든버러대에서 시위의 역사를 강의하고 있다. 아우콕은 "시위대는 주최자나 정부가 허용한 범위보다 더 멀리 나아가기 위해 저지선을 밀어붙이기 마련이다"라고 설명했다. 1866년 하이드 파크Hyde Park 참정권 운동에서부터 학생 집회까지 대부분 시위가 마찬가지였다. 하지만 2010년 학생 시위와 런던 폭동 이후 9년 동안 브렉시트Brexit와 긴축 정책을 둘러싼 분위기가 격앙되면서 대규모 시위는 겉으로 보기에는 잠잠해졌다. 아우콕은 "미국 9.11 테러 이후 등장했던 영국 경찰의 공격적이고 적대적인 경비 방식은 이제 줄어든 것으로 보인다"고 말했다. "시위 자체가 예전보다 덜 급진적이라는 이유도 있겠지만, 강화된 감시 체계와 정보 수집 기술들로 경비 방식이 조금 더 교묘해졌기 때문입니다."

　　최근 10년간 이뤄진 경찰 경비 방식 변화의 배후에는 군중 심리학자들의 연구가 있다. 군중 심리학자 클리포드 스토트는 경찰의 강압적인 경비 활동을 막기 위해 수년간 경찰, 축구 연맹 관계자들과 함께 일했다. 스토트는 사우스요크셔South Yorkshire 지방 경찰이 2011년 셰필드Sheffield 지역 자유민주당 회의에서 스토트가 제안한 방법을 시험한 당시가 전환점이었다고 말한다. 브라이튼Brighton, 리버풀Liverpool, 버밍엄Birmingham, 맨체스터 같은 곳과 달리, 셰필드는 정부나 정당 회의를 열었던 경험이 없었다. 게다가 대규모 학생 시위와 긴축 정책 반대 시위까지 예상되는 상황이었다. 경찰은 이에 대비해 연락 담당 부서(PLT·Police Liaison Teams) 내에 파란색 조끼를 입은 '대화 팀dialogue unit'을 신설했다. 대화 팀은 시위대의 바깥에서 경비 활동을 하기보다는, 군중 사이에 개별적으로 섞여 경찰과 소통했다.

"우리는 대화 팀이 경찰을 통제한다는 사실을 발견했습니다." 스토트는 "대화 팀은 경찰의 불필요한 개입을 막아냈다"며 "경찰의 개입이 필요 없다고 지휘관들까지 안심시켰다"고 말했다. 그러자 경찰이 폭동을 진압하려고 들이닥치는 모습이 사라졌다. 대신 시위 규모가 단계적으로 줄어들었고, 군중은 스스로를 통제했다. 스토트는 이후 경찰의 유연한 시위 대응이 더 많아졌다고 말했다. "경찰이 군중과 대화할 수 있을 때 무질서가 줄어듭니다. 간단한 일입니다."

그레이터 맨체스터Greater Manchester 경찰서의 메리타 워스윅Melita Worswick 경감에 따르면, 경찰이 시위대에 대응하며 공공의 안전과 공공질서만 강요하던 전략에서 벗어난 큰 변화였다. 워스윅은 "담당자와 군중의 의사소통이 매우 중요하다"고 말한다. 워스윅은 또 "시위 참가자들의 동의를 바탕으로 경찰 경비가 이뤄져야 한다"며 "시위대의 권리를 지켜 주지 않을 때 무질서가 발생한다는 사실을 이해해야 한다"고 말했다. "때로는 아무 조치도 취하지 않는 게 옳은 방법입니다." 경찰이 처음부터 공격적으로 개입하기보다는 뒤로 물러나는 법도 배우고 있다는 뜻이다.

스코틀랜드 글래스고Glasgow 경찰들이 최근 레인저스 Rangers FC와 셀틱Celtic FC의 축구 경기에서 사용한 접근 방식도 비슷하다. 글래스고 경찰은 학자들의 권고에 따라 팬들이 서로를 야유하도록 내버려 둘 계획이다. 야유가 관례의 일부라는 사실을 알고 있기 때문이다. 경찰은 또 폭력으로 번지지 않는 한 개입하지도 않을 방침이다. 적어도 어느 정도까지는 군중들이 스스로 통제할 것이라고 믿는다.

경찰의 설명은 분명히 진전된 상황처럼 들린다. 하지만 현실은 언제나 미사여구처럼 되지 않는다. 환경 단체 '멸종저항'은 집회 초기만 해도 경찰과 우호적인 관계를 형성하려고 했다. 집단적으로 검거당하는 모습을 시위 전술 중 하나로 연출하기도 했다. 하지만 지난해에는 수백 건에 달하는 런던 경찰의 시위 대응을 두고 '구조적 차별, 무력 사용, 위협과 과잉 대응'이라고 비난했다. 최근 런던 경찰청은 '흑인 생명은 소중하다' 시위에 나선 참가자들을 체포하며 사회적 거리 두기에 관한 법률을 이용했다. 경찰이 여전히 많은 측면에서 물러설 뜻이 없다는 사실을 보여 준다.

군중은 쉽게 흩어지지 않는다

과거 '열린 군중'은 사라졌다. 대신에 오늘날 군중의 집회는 주로 돈을 벌 수 있는 기회로 여겨진다. 떠오르는 이벤트 산업의 양상을 보면, 21세기 군중들이 이전보다 약해졌고 돈이 되는 집단이 됐다는 사실을 알 수 있다. 이벤트 산업 자체는 물론 새로운 발명품이 아니다. 하지만 여기서 말하는 이벤트는 보통의 이벤트들과 다르다. 대부분 후원자가 있고, 입장료를 내야 하고, 다양한 미디어 파트너들과 함께하는 이벤트들이다. 이들은 도시를 브랜드로 만들고, 관광객 모집에 도움을 준다. 사전에 합의된 참가자들은 주최 측의 감시하에 질서 정연하게 움직이고 약속 시간에 해산한다. 이렇게 현대 도시와 시민들을 수익 창출의 도구로 바꾼다.

보리스 존슨Boris Johnson 총리가 런던시장 시절인 2011년 런던 홍보를 위해 설립한 민관 협력 업체 런던앤파트너스London&Partners에 따르면, 이벤트 레저 관광은 2015년에만 28억 파운드(4조 4200억 원)를 시에 벌어다 줬다. 이 중 644만 파운드(101억 6966만 원)는 해외 이벤트 관광객에게 버는 돈으로 추산됐다. 점점 더 많은 사람이 영국 자체가 아니라 영국에서 일어나는 이벤트를 즐기기 위해 방문한다. 그 중에서 가장 중요한 이벤트는 음악이 아닌 스포츠다. 사람들이 런던에서 스포츠에 쓰는 돈은 전체 이벤트 비용의 70퍼센트 이상을 차지한다. 지난 몇 년간 스포츠 분야에 분 열풍 덕에 미국의 NBA(프로 농구), NFL(프로 풋볼), MLB(프로 야구) 경기들이 점점 많이 런던에서 열리고 있다. 런던앤파트너스에 따르면, 진짜 NFL 경기도 아닌 홍보 이벤트 '리젠트 거리의 NFLNFL on Regent Street'에만 25만 명이 모였다.

군중이 있는 곳에는 소비자가 있다. 스스로가 '파트너'라고 칭하는 상업적 후원자들은 정부 지원이 없는 이벤트의 모든 움직임을 따라다닌다. 지난해 상업적 자본 세력들은 '버진 머니 런던 마라톤Virgin Money London Marathon', '프루덴셜 라이드런던the Prudential RideLondon', '기네스 식스 네이션스Guinness Six Nations', 'EFG 런던 재즈 페스티벌EFG London Jazz Festival' 등의 행사를 주관했다. 성 소수자 인권을 위한 행사 '프라이드 인 런던Pride in London'은 2019년 정치적 의미가 퇴색된다는 '핑크워싱pinkwashing' 비판을 받으면서도 메인 스폰서 테스코Tesco를 비롯해 플레이스테이션PlayStation, 스카우트the Scouts, 런던 증권 거래소, 레브론Revlon, 폭스턴즈Foxtons까지 73개의 '파트너'들을 모았다. '핑크워싱'은 제품 홍보 등의 상업적 이익을 위해 성 소수자 인권을 이용하는 행위를 말한다.

큰 행사가 치밀하게 계획되고 관리될수록 참가자들은 더 안전해지고, 군중은 더 많이 즐길 수 있다는 주장을 반박하기는 어렵다. 행사가 잘 관리되면, 잘 움직이지 못하는 환자나 장애인을 위한 이동용 설비뿐 아니라, 적절한 개수의 화장실과 출구가 만들어진다. 교통 접근성과 시야도 확보된다. 음식과 물, 탁아 시설도 충분해진다. 사람들이 다칠 수 있는 잠재적인 위험은 물론이고 노약자를 포함해 모든 사람에게 도움을 줄 수 있다. 노팅힐 축제나 프라이드Pride, 멜라Mela와 같이 이벤트 개최 비용을 스폰서들이 내게 하면서 모든 사람이 쉽게 올 수 있는 무료 행사를 유지하겠다는 주최 측의 주장은 합리적으로 들리기도 한다. 하지만 이런 과정에서 무언가를 잃고 있다는 생각도 든다. 벤처 투자를 받은 뮤직비디오 플랫폼 '보일러 룸Boiler Room'이 노예제 철폐를 기리는 노팅힐 축제를 생중계한다. 런던 남부의 램버스 컨트리 쇼Lambeth Country Show 같이 대중적이고 역사가 긴 무료 커뮤니티 축제의 경비와 보안이 갑자기 철저해진다. 분노와 불매 운동까지 일으키는 움직임들이다.

너무 비판적인 시각일지도 모른다. 21세기의 군중을 길들인다고 군중의 힘 자체가 소멸되지는 않는다. 군중의 일부가 되는 경험은 여전히 모든 예상치 못한 면에서 변화를 불러온다. 군중을 '하나의 뇌와 천 개의 팔다리를 가진 짐승'으로 보는 학자들의 믿음이 틀렸다는 사실을 입증하려면, 집단 속 개개인의 다양성이 군중을 활력 있게 만든다는 점을 유념해야 한다.

하나로 뭉치고 협력에 참여하는 행동과 전혀 거리가 멀지만, 본능에 따라 늘 무리에서 앞장서는 사람들이 있다. 좋든

나쁘든, 군중은 소극적이거나 보수적인 참가자마저도 하지 않아도 될 일을 하게 만든다. 공공장소에서 정치적 신념이나 성적 지향성을 밝히거나, 유명 프로축구 선수인 세르히오 아구에로Sergio Agüero에 대해 솔직하게 비평할 수도 있다. 군중과 뒤섞여 은행을 점거하고 벽돌을 던지거나, 낯선 사람들과 싸울 수도 있다. 아니면 커다란 기차역 중앙 홀에서 가수 아바Abba의 노래에 맞춰 춤을 추는 것도 가능하다.

'군중의 힘'은 잠깐 운동을 안 한다고 줄어드는 근육과 다르다. 이 세상이 군중을 이루는 방법을 알고, 필요성을 느낀 역사는 코로나로 사회적 거리 두기를 지켜야 했던 몇 달보다 훨씬 길다. 군중의 일부가 되고자 하는 욕망은 우리의 일부다. 군중은 그렇게 쉽게 흩어지지 않는다.

저자 피터 C. 베이커(Peter C. Baker)는 미국 시카고에서 활동하고 있는 프리랜서 작가다. 《가디언》, 《뉴요커》 등에 기고하고 있다.

역자 전리오는 서울대학교에서 원자핵공학을 전공했다. 대학 시절 총연극회 활동을 하며 글쓰기를 시작해 장편 소설과 단행본을 출간했다. 음악, 환경, 국제 이슈에 많은 관심이 있으며 현재 소설을 쓰면서 번역을 한다.

우리는 달라질 수 있을까

모든 것들이 새롭게 느껴진다. 믿을 수 없고, 압도적이다. 마치 오래전부터 반복되고 있는 꿈속을 걸어가고 있는 것 같은 느낌도 든다. 어떤 면에서는 정말 그렇다. 코로나19가 전 세계에 퍼지는 지금의 모습은 이미 TV와 블록버스터 영화에서 봤던 장면들이다. 어떤 세계인지 대충은 알고 있어서 그런지, 이러한 조우가 낯설게 느껴지지만은 않았다. 하지만 상황은 점점 더 이상해지고 있다.

지난 2월까지만 하더라도 불가능하다고 여겨졌을 새로운 소식들이 연일 쏟아진다. 며칠이 아니라, 몇 년은 걸려야 일어날 법한 사건들이다. 사람들이 지금 끊임없이 새로운 뉴스를 확인하는 이유는 언론에 대한 관심이 중요하다는 시민의식 때문이 아니다. 너무나도 많은 뉴스들이 시시각각 쏟아져 들어오기 때문이다. 사건들이 빠른 속도로 벌어지고 있는 탓에, 얼마나 급격했는지 기억조차 하기 힘들 지경이다.

시간을 몇 주만 뒤로 돌려서 누군가 이렇게 말한다고 생각해 보라.

"한 달 안에 모든 학교가 문을 닫고, 공개적인 모임은 거의 전부 취소된다. 전 세계 수억 명이 일자리를 잃고, 각국 정부들은 역사상 가장 큰 규모의 경기 부양책을 서둘러 준비할 것이다. 일부 지역에서는 부동산 소유주들이 임대료를 받지 못하고, 은행들은 대출금을 상환 받지 못한다. 노숙인들은 호텔에서 무료로 지내고, 정부가 직접 지급하는 기본 소득 실험이 진행될 것이다. 또 대다수 세계인이 강제적 명령이나 권고 사항을 통해 가능한 한 언제나 최소 2미터의 간격을 유지하는 일에 협조할 것이다."

우리는 과연 이런 이야기들을 믿었을까?

혼란의 원인은 벌어지는 상황의 규모나 속도만이 아니다. 사실 그동안 민주주의 국가는 빠르게 큰 폭으로 변화할 수 없다는 얘기에 점점 익숙해져 있었다. 하지만 지금 많은 국가들이 변하고 있다. 역사를 잠깐 돌이켜 보자. 위기와 재난은 변화의 발판이었다. 그것도 더 나은 변화를 위한 발판인 경우가 많았다. 1918년에 전 세계에서 유행했던 독감은 유럽의 많은 나라가 정부 차원의 의료 서비스를 만드는 데 도움을 줬다. 대공황과 2차 세계 대전이 함께 맞물린 위기를 겪으면서, 근대적인 복지 국가의 기틀이 마련되기도 했다.

하지만 위기는 사회를 어두운 길로 이끌 수도 있다. 9.11 테러 이후로 시민을 대상으로 한 감시가 폭발적으로 증가했다. 조지 부시 대통령은 기한이 없는 새로운 전쟁들을 벌였다. 19년 전에 침공한 아프가니스탄의 주둔 병력을 줄이려는 미국의 시도는 이 글을 쓰는 현재 코로나와 연관된 복잡한 사안들로 답보 상태에 빠졌다. 최근 또 하나의 위기였던

2008년 금융 붕괴 이후, 전 세계의 많은 은행과 금융 기관은 막대한 공공 비용 덕분에 위기 이전 상태로 되돌아갔다. 반면, 공공 서비스 부문에 대한 정부 지출은 삭감돼야 했다.

위기는 역사의 중요한 부분을 형성한다. 수백 명의 사상가들이 평생 동안 위기의 전개 방식을 연구해 온 이유다. 위기 연구crisis studies라고 불리는 이 분야는 위기가 닥칠 때 공동체의 근본적인 현실이 어떻게 발가벗겨지는지를 기록한다. 누가 더 많이 가지고 있고, 누가 더 적게 가지고 있는가? 권력은 어디에 있는가? 사람들이 소중하게 여기는 것, 두려워하는 것은 무엇인가?

위기의 시기가 오면, 무엇이든 이 사회에서 무너진 것은 최소한 무너진 이유가 드러나게 된다. 그 방식은 대체로 뇌리를 떠나지 않는 강력한 이미지나 이야기의 형태인 경우가 많다. 최근 몇 주 동안 쏟아진 코로나 관련 뉴스들은 수많은 사례를 만들었다. 항공사들은 오직 주요 항로 운항 횟수를 지켜내기 위해 좌석이 텅텅 빈 항공편을 운항하고 있다. 프랑스 경찰이 봉쇄 기간 동안 야외에서 잠을 자는 노숙인들에게 벌금을 부과한다는 보도도 있었다. 뉴욕주의 죄수들은 교도소에서는 쓰지도 못할 손 세정제를 병에 담는 노동의 대가로 1달러도 안 되는 시급을 받고 있다. 손 세정제는 알코올 성분 함유로 교도소 내에서는 사용이 금지돼 있다. 교도소는 비누조차 무료로 제공하지 않는 곳이다. 죄수들은 구내매점에서 직접 비누를 구입해야 한다.

재난과 비상사태가 그저 세계가 안고 있는 문제를 드러내기만 하지는 않는다. 위기는 정상적인 상태의 구조를 뜯어 내부를 보여 준다. 재난이 열어젖힌 구멍을 통해 우리는 지금과는 다른 세계의 가능성을 엿볼 수 있다. 재난을 연구하는 일부 사상가들은 모든 게 잘못될 가능성에 집중하기도 한다. 또 어떤 이들은 재난으로 잃어버린 것뿐 아니라 얻을 수 있는 것을 분석하면서 긍정적인 입장을 취한다. 물론 위기는 모두 다르다. 이것 아니면 저것이라는 결론이 나오지도 않는다. 손실과 이익은 언제나 공존한다. 위기가 지나고 나서야 비로소 우리가 진입하고 있는 새로운 세계의 윤곽이 뚜렷해진다.

위기는 세상을 더 나쁘게 만든다

비관적인 견해는 위기가 좋지 않았던 상황을 더욱 악화시킨다고 본다. 재난을 연구하는 사람들, 특히 판데믹을 연구하는 이들은 이번 위기가 제노포비아(이방인 혐오)와 인종 공격을 조장하는 경향이 있음을 너무나 잘 알고 있다. 14세기 유럽에 흑사병이 닥쳤을 때, 수많은 마을과 도시들이 문을 걸어 잠그고 외부인을 차단했다. 그리고 '바람직하지 않다'고 여겨지는 공동체의 구성원들을 폭행하고, 추방하고, 살해했다. 희생자의 대부분은 유대인들이었다. 1858년 폭도 집단이 뉴욕 스태튼 섬Staten Island의 이민자 격리 병원에 침입해 섬을 떠나라고 요구하면서 병원을 불태웠다. 이들은 병원 인근 주민들이 황열병에 걸릴까 봐 두려워했던 것으로 알려졌다. 위키피디아Wikipedia에는 현재 35개 이상의 국가에서 벌어진 "2019~2020년의 코로나바이러스 판데믹과 관련한 제노포비아 및 인종 차별주의" 관련 사례를 모은 별도의 페이지가 있다. 사례들은 조롱부터 노골적인 폭행에 이르기까지 다양하다.

 "완전히 합리적인 세상이라면, 판데믹이 민족·국가 간 협조와 연대가 이어지는 국제주의internationalism의 확대로 이어진다고 생각할 수도 있습니다." 세계화에 뿌리를 둔 재난의 연대기로 명성을 얻고 있는 미국의 역사학자 마이크 데이비스Mike Davis의 말이다. 2005년 조류 독감의 위협에 관한 책을 쓰기도 했던 데이비스의 견해에 따르면, 판데믹은 사람과 물자가 끊임없이 이동하는 글로벌 자본주의에 큰 타격을 주고, 이윤 외에는 생각할 수 없는 자본주의적 사고방식으로 해결할 수 없는 위기의 완벽한 유형이다. "합리적인 세상이라면, 검사 키트, 마스크, 산소 호흡기와 같은 기본적인 필수 물품에 대한 생산량을 늘렸을 겁니다. 우리만 사용하는 게 아니라 가난한 나라들에도 나눠 주기 위해서요. 왜냐하면 세계가 하나가 돼 싸워야 하는 전투잖아요. 하지만 이 세상은 합리적이지 않습니다. 그래서 마녀사냥, 고립주의가 나타납니다. 결국 전 세계에서 더 많은 사망자가 나오고 더 큰 고통을 겪게 됩니다."

도널드 트럼프 미국 대통령은 이 신종 코로나바이러스의 발생지가 "중국"이라고 낙인찍고, 판데믹을 국경 봉쇄 강화, 망명 신청자 축소의 빌미로 삼으려 했다. 공화당 관계자들을 포함해 여러 연구 조직과 일부 언론까지도 코로나가 중국이 만든 인공적인 생물학 무기bioweapon일 가능성을 시사하고 주장한다. 이에 맞서 중국 관계자들은 코로나 발병이 미군 병사들을 거쳐 중국으로 왔다는 음모론을 밀어붙이고 있다. 유럽에서는 헝가리의 빅토르 오르반Viktor Orbán 총리가 최근에 이런 말을 했다. "우리는 두 개의 전선에서 싸우고 있습니다. 하나는 이민이고, 또 하나는 코로나바이러스입니다. 이민과 코로나는 모두 이동에 의해서 퍼지기 때문에, 두 개의 전선 사이에는 논리적인 연관성이 있습니다."

전쟁을 할 때, 우리는 적군에 대해 가능한 한 많은 정보를 알고 싶어 한다. 위기가 밀려드는 상황에서는 장기적인 피해를 고려하지 못한 채 감시라는 수단을 꺼내들기 쉽다. 《감시 자본주의의 시대The Age of Surveillance Capitalism》를 쓴 학자 쇼샤나 주보프Shoshana Zuboff는 9.11 테러 이전의 상황에 대해 이렇게 상기시켜 주고 있다. 당시 미국 정부는 개인 정보가 어떻게 사용돼야 하고, 또 어떻게 사용돼서는 안 되는지에 대한 실질적인 선택권을 인터넷 이용자들에게 주는 방안을 심도있게 고민하고 있었다. 주보프는 "미국 정부의 관심사는 원래 '프라이버시 규정과 권리를 침해하는 기업에 대한 규제 방안'이었다. 하지만 9.11 이후 불과 며칠 사이에 '어떻게 하면 기업들을 육성하고 보호해서 정부를 위해 개인 정보를 수집하게 만들 수 있는가'로 바뀌었다"고 말했다.

시민을 속속들이 들여다보고 싶어 하는 정부와 감시로 이윤을 얻으려는 기업들에게 판데믹은 활용하기 좋은 위기다. 더 이상을 상상하기 어려울 만큼 완벽하다. 현재 중국은 드론을 이용해서 마스크를 쓰지 않은 사람을 색출하고 있다. 그런 사람을 발견하면 드론에 내장된 스피커에서 경찰의 호통이 울려 퍼진다. 독일, 오스트리아, 이탈리아, 벨기에는 모두 사람들의 이동 경로를 추적하기 위해 주요 통신 기업들로부터 확보한 데이터를 이용하고 있다. 이스라엘에서는 정부 첩보 기관이 확진자의 개인 휴대 전화 기록에 접근하는 것이 허용되고 있다. 한국에서는 감염 가능성이 있는 개인을 찾아내고, 머물렀던 장소에 대한 정보를 공유하기 위해 다수의 대중에게 문자 메시지를 보내고 있다.

모든 감시가 본질적으로 나쁘지는 않다. 새로운 기술은 바이러스에 맞서 싸우는 역할을 하게 될 수도 있다. 그러나 주보프는 긴급 조치가 영구적인 제도가 돼 본래의 목적은 상실한 채 사람들의 일상생활에 얽혀 들어오는 상황을 우려한다. 봉쇄 조치가 내려지면서 상당수는 집에서 컴퓨터와 휴대 전화에 들러붙어 있게 됐다. 그 어느 때보다 거대 테크 기업에 대한 의존도가 커진 상태다. 이 기업들의 상당수가 정부가 주도하는 문제 해결의 핵심적인 역할을 자처하며 적극적으로 나서고 있다. 그들이 무엇을 얻기 위해 그러는지 질문할 필요가 있다. "판데믹 같은 문제를 처리하려고 노력하고 있을 때에는 개인 정보에 대한 권리를 떠올리기가 쉽지 않습니다." 채텀하우스Chatham House에서 기술과 민주주의의 상호 작용에 대해서 연구하고 있는 바수키 샤스트리Vasuki Shastry 연구원의 말이다. "일단 시스템의 규모가 커지면, 다시 축소하는 일은 매우 어려울 수 있습니다. (위기) 이후에는 다른 용도로 사용될 수도 있죠."

불과 몇 주라는 시간 동안 이스라엘과 헝가리 양국의 총리들은 모두 법원이나 국회의 간섭 없이 사실상 행정 명령으로 통치할 수 있는 권한을 부여받았다. 영국에서는 경찰과 출입국 관리 직원들에게 바이러스 보유가 의심되는 사람들을 체포하고 구금해서 검사할 수 있는 권한을 향후 2년 동안 주는 법안이 제출됐다. 코로나가 발병한 이후 미국 법무부는 긴급 상황에서 판사들이 법정 절차를 중단할 수 있도록 하는 내용의 청원을 의회에 제출했다. 사람들이 공식적인 이의 제기 절차 없이 수감될 가능성이 열린 것이다. "경찰을 지켜봐 왔다면 이 문제가 어떻게 진행될지 알 수 있을 겁니다." 저항의 권리에 주로 관심을 갖고 있는 영국의 시민 단체인 넷폴Netpol의 케빈 블로우Kevin Blowe의 말이다. "이런 권한은 일단 시행될 당시에는 충분히 그럴듯하게 들릴 수 있습니다. 이후에는 민주주의와 아무런 관련도 없고 공공의 안전과도 전혀 관계가 없는 다른 목적에도 매우 빠르게 적용될 겁니다."

2008년 독감이 급격하게 대유행하던 당시 작성된 판데믹에 대한 법률적 대응 보고서를 보면, 미국 시민 자유 연맹ACLU의 역사학자 및 의료 윤리학자들로 구성된 팀은 정부가 여전히 범죄자 추적에나 어울리는 사고방식으로 공공 의료의 문제점을 해결하려 한다는 사실을 개탄하고 있었다. 특히 9.11 이후 이런 경향이 다시 증가한 것으로 보고 있다. 연구팀은 정부의 이런 의심스러운 사고방식이 결국엔 소수 인종과 가난한 사람들에게 가장 큰 영향을 미치게 된다고 주장한다. 정부와 시민 사이에 불신이라는 쐐기가 박히면 질병과의 싸움은 더 어려워진다. 보고서는 이렇게 표현했다. "질병이 아닌 사람들이 적이 되고 만다."

위기는 희망의 실마리다

위기를 다르게 바라보면서 한 가닥의 희망을 떠올리는 진영도 있다. 이 진영의 사상가들에게는 2008년 금융 위기 당시의 경험이 중요한 근거로 작용한다. 2008년 위기는 소수가 이득을 챙기고 광범위한 대중이 엄청난 것들을 포기해야만 했던 패배로 귀결됐지만, 바로 그 지점에서 코로나가 정치적 진전을 위한 문을 열 수도 있다고 본다.

"2008년 붕괴의 여파를 입기 전 상태와 지금은 많이 다르다고 생각합니다." 미국 작가 레베카 솔닛의 얘기다. 솔닛은 다양한 위기와 그 시사점에 대해서 현재 가장 설득력 있는 연구를 진행하는 사람들 중 하나다. "좌파적 사상으로 여겨지곤 했던 생각들이 보다 많은 사람들에게 좀 더 합리적으로 보이고 있는 것 같습니다. 과거에는 없었던 변화의 여지가 생기고 있어요. 그게 시작입니다."

솔닛의 주장을 간단하게 표현하면 이렇다. 코로나가 붕괴 위기를 맞은 현재 정치의 현실을 드러냈다는 것이다. 신종 코로나바이러스라는 병명을 들어 보기 한참 전에는 예방할 수 있고 치료법을 아는 질병에 걸려 사람들이 죽었다. 사람들은 풍요로 넘치는 사회에서 불안정한 삶을 살았다. 전문가들은 판데믹을 포함해서 다가올 수 있는 재앙들을 경고했지만, 사람들은 아무런 대비도 하지 않았다. 동시에 최근 몇 주 동안 각국 정부들이 취했던 극단적인 조치들로, 국가가 얼마나 강력한 권력을 갖고 있는지 확인할 수 있었다. 정부가 근본적으로는 불법적인 행태로 보일 수도 있는 위험을 감수하며 과감하게 움직일 때, 얼마나 광범위한 영역에서 빠르게 목표를 달성할 수 있는지 드러났다. 칼럼니스트 판카지 미슈라Pankaj Mishra가 최근에 이렇게 쓴 글처럼 말이다. "국가는 국가의 근본적 책임이 시민을 보호하는 데 있다는 일반적인 믿음을 재앙으로 받아들이고 있다."

최근 몇 년 동안 보건 의료부터 주거비, 기초 생활비에 이르는 모든 사안에서 주류 정치의 기본적인 입장은 이랬다. 이 세상에 수많은 문제가 있다고 하더라도, 정부의 개입을 확대하는 방향은 현실적인 해결책이 아니라는 것이다. 대신 가장 많이 언급된 효과적인 해결책은 '시장'이었다. 시장은 공공재 같은 구시대적인 개념이 아니라, 이윤 창출이라는 욕구로 동기 부여가 된 기업들에게 커다란 역할을 맡긴다는 얘기다. 하지만 바이러스가 퍼지기 시작하면서 각국 정부는 불과 며칠 만에 수조 달러를 썼다. 심지어는 시민들에게 직접 수표를 발행하기도 했다. 이제는 실현 가능한 일이 무엇인지를 묻는 질문 자체가 이전과는 다르게 느껴진다.

이런 관점에서 볼 때, 지금의 과제는 평상시로 돌아가기 위해 바이러스와 싸우는 것이 아니다. 평상시가 이미 재앙이었다. 우리의 목표는 바이러스와 싸워 평상시의 상황을 이전보다 인간적이고 안전하게 바꾸는 것이어야 한다.

레베카 솔닛은 2009년에 펴낸 책《이 폐허를 응시하라A Paradise Built in Hell》에서 비상사태는 단순히 나쁜 상황이 더 악화되는 순간이 아니라고 주장했다. 사람들이 어쩔 수 없이 두려움에 떨고, 주변을 의심하며, 자기중심적으로 변하지도 않는다고 했다. 1985년 멕시코시티의 지진부터 2001년의 9.11 테러, 2005년의 허리케인 카트리나까지 포함하는 여러 재난 사례를 연구한 결과였다. 솔닛은 상실과 고통 속에서 재난이 사람들의 즉흥성, 연대 의식과 결단력, 목적의식과 기쁨의 주머니를 열어젖히는 방식에 초점을 맞춘다. 이 책은 재난을 축복하기 위한 내용이 아니다. 재난에 포함된 가능성, 그리고 그 가능성이 어떻게 낡은 방식에서 우리를 벗어나게 해줄 수 있는지를 주목하고 있다. 솔닛에 따르면 오히려 "공식적인" 재난 대응책들이 문제를 악화시키는 경향을 보였다. 사람들을 재난 해결과 관련한 중요한 부분이 아닌, 관리해야 할 문제의 일부로 간주했기 때문이다.

이러한 잘못된 관리 정책은 단순히 무능의 결과일 수도 있고, 사악한 의도의 결과일 수도 있다. 캐나다 작가인 나오미 클라인Naomi Klein은 2007년 펴낸 책《쇼크 독트린The Shock Doctrine》에서 위기의 정치와 관련한 어두운 현실을 보여 주고 있다. 클라인의 견해에 따르면 재난에는 제1 유형과 제2 유형이 있다. 제1 유형은 지진, 폭풍, 군사적 충돌, 경기 침체 등이다. 제2 유형은 재난과 특정 세력이 권력을 갖게 된 이후에 일어나는 부정적 상황들이다. 가령 특정 세력이 극단적인 경제 개혁을 강행한다거나, 부를 축적하려고 위기 이후의 기회를 모조리 집어삼키는데도, 위기로 큰 충격을 받은 사람들이 알아차리지 못하는 상황이다. 클라인은 권력층이 때로는 제2 유형의 작전을 수행하기 위해 제1 유형의 재난을 조작하는 경우도 있다고 주장했다.

솔닛의 책과는 달리《쇼크 독트린》은 모든 일들이 끔찍하게 잘못되고 있을 때 사람들이 일상에서 보이는 회복력에 대해서는 그다지 언급하지 않는다. 솔닛은 이런 사실을 빠뜨린《쇼크 독트린》을 두고 클라인을 직접적으로 비판하기도 했다. 하지만《이 폐허를 응시하라》와《쇼크 독트린》은 마치 퍼즐 조각처럼 서로 잘 들어맞는다. 두 책 모두 위기를 필연적 또는 "자연적으로" 일어나는 상황이 아니라, 위기가 일어나는 과정에서 내리는 사람들의 선택이라는 관점에서 분석한다. 그리고 두 책 모두 금융 붕괴의 폐허 속에서 정치적인 대화가 형태를 갖춰 나가는 과정에 시의적절하게 기여했다.

2008년 버락 오바마가 재선에 성공하고 며칠 뒤, 그의 수석 참모였던 람 이매뉴얼Rahm Emanuel은 이런 유명한 말을 했다. "심각한 위기가 헛되이 버려져서는 안 된다You never want a serious crisis to go to waste." 오바마에게 주로 실망을 표했던 현재의 좌파들은 이 말에 대부분 동의할 것이다. 그들은 최근의 위기를 지나오면서 패배했다고 느끼고 있다. 그리고 이번에는 그런 실패를 다시 반복하지 않으려 하고 있다. 판데믹에 직면한 지 불과 몇 주 만에 이 정도의 변화가 가능하다면, 1년 뒤에는 과연 얼마나 많은 변화가 일어날 것인가?

이러한 주장을 하는 사람들에게 2008년과 현재의 차이는 엄청나다. 지금은 신용 부도 스와프(credit default swap·CDS)나 부채 담보부 증권(collateralised debt obligation·CDO)과 같은 이해하기 어려운 용어들이 난무했던 금융 위기 때와 다르다. 코로나는 비교적 이해하기 쉽다. 다수의 위기들이 하나로 뒤엉켜서, 절대 지나칠 수 없는 방식으로 모든 일들이 즉각적으로 진행되고 있다. 정치인과 부유한 유명인도 감염되고 있다. 바로 우리 친구들과 친인척이 감염되고 있다. 언제나 그렇지만 가난한 사람들의 타격이 가장 크다. 우리 모두가 정말로 '함께하는 것'은 아닐 수도 있다. 그러나 2008년 위기 이후 그 어느 때보다 모두가 함께한다는 것을 피부로 지금은 느끼고 있다.

이런 점에서 낙관주의자들은 세상을 다르게 보기 시작할 희망이 있다고 생각한다. 어쩌면 현재의 문제를 모두의 문제로 여기고, 부와 지위를 위해 서로 경쟁하는 단순한 개인들의 집합체 이상으로 사회를 볼 수 있을지도 모른다는 생각이다. 어쩌면 시장의 논리가 인간 존재의 많은 영역을 지배하게 해서는 안 된다는 이치를 이해할 수 있을지도 모른다.

클라인은 이렇게 말했다. "보다 많은 사람들이 서로 떨어져 있는 점들을 연결할 수 있는 위치에 있다. 연결은 각자의 경험을 통해 이뤄진다. 특정한 연령대의 사람들에게는 살면서 겪어 본 유일한 사상이 자본주의라는 점이 위기의 원인이었다. 그리고 그 사람들은 지금 상황이 달라지기를 바라고 있다."

우리는 이미 정상이 아니었다

위기 관련 논의의 뒤편에서는 기후 위기를 경고하는 목소리가 들려온다. 클라인과 좌파 성향의 사상가들에게 2008년의 위기가 반복하고 싶지 않은 재난이라면, 기후 변화는 지금도 계속해서 다가오고 있는, 어쩌면 이미 눈앞에 와 있다는 사실을 알고 있을 정도로 훨씬 커다란 재앙이다. 그리고 우리는 기후 위기 문제와 싸워 이기기를 바라고 있다. 실제로《쇼크 독트린》을 출간한 지 몇 년 뒤, 클라인의 주된 관심사는 기후 변화가 되었다. 그는 기후 위기를 화석 연료로 폭리를 취하는 이들과 정부 내에서 화석 연료 사용을 조장하는 무리들에 맞서야 하는 복합적인 비상사태로 규정했다.

코로나가 2차 세계 대전 이후 전 세계가 직면한 가장 거대한 위기일 가능성이 높기는 하다. 그러나 장기적인 차원에서는 기후 변화에 비해 여전히 작은 문제다. 하지만 두 가지의 사안에는 서로 연관된 유사성이 보인다. 두 사안 모두 이례적인 차원의 전 세계적인 협력이 필요하다. 내일의 고통을 줄이기 위해서 오늘 변화를 취해야 할 행동을 요구하고 있다. 오래전부터 과학자들이 예측해 온 문제다. 다음 회계 분기의 경제 성장 통계 이외의 지표들을 보지 못하는 정부는 과학자들의 경고를 줄곧 무시했다. 그 결과, 정부는 과감하게 인간 활동의 특정한 영역에서 시장의 논리를 제거하고 공공 부문에 투자하라는 요구를 받고 있다. 다시 말해, 이러한 새로운 차원의 국가적 개입을 일시적인 필요성 정도로만 생각한다면, 기후 재앙으로 가는 여정의 속도는 점점 더 빨라질 수밖에 없다.

"우리는 사람들을 정상 모드에서 비상 모드로 전환시키기 위해서 몇 년 동안 노력해 왔습니다." 전직 심리학자이며 현재 '기후 동원Climate Mobilization'이라는 단체를 이끌고 있는 마거릿 클라인 살라몬Margaret Klein Salamon의 말이다. "많은 사람들이 비상 모드로 전환한다면, 그리고 자신들이 위험하다는 사실을 인지하고 안전하기를 원한다면, 정치적으로 가능한 일의 범위는 지금과는 근본적으로 달라집니다. 사람들이 할

수 있는 모든 일을 해야 한다는 사실을 제대로 받아들여도 마
찬가지입니다. 이런 이론이 코로나 대응 과정에서 입증되는
상황을 지켜보는 일은 흥미롭습니다. 이제 도전 과제는 코로
나보다 위험의 차원이 훨씬 더 큰 기후 문제에 대한 비상 모
드를 켜고 유지하는 것입니다. 우리는 '다시 정상으로' 돌아
가는 일을 생각할 수 없습니다. 왜냐하면 그게 정상이 아니었
기 때문입니다."

　　두 위기 사이의 비교는 여기까지가 전부다. 기후 변화
의 영향이 코로나에 비해 점진적이라는 것은 반박할 수 없다.
대부분의 사람들은 자신이나 사랑하는 이들이 기후 변화 탓
에 이번 달에 죽을 수도 있다고 생각하지는 않는다. 그래서 비
상 모드를 활성화하고 유지하는 것이 더욱 힘들다. 살라몬의
지적처럼 사람들이 기후 비상사태에 있다는 사실을 진심으로
받아들인다면, 매일 나오는 뉴스는 세계의 어떤 나라들이 가
장 빠른 속도로 온실가스 배출을 줄이고 있는지를 다루고 있
을 것이다. 사람들이 정부 지도자들에게 효과적인 정책 입안
을 촉구하고 있을 수도 있다.

　　코로나의 경험이 기후 변화를 새롭게 이해하는 데 도움
을 줄 수도 있다. 바이러스가 산업 활동과 도로 교통량을 줄이
면서 대기 오염은 크게 줄었다. 지난 3월 초 스탠퍼드대의 과
학자 마셜 버크Marshall Burke는 중국 4개 도시의 대기 오염 데이

터를 바탕으로 초미세 먼지(PM2.5)의 농도 변화를 측정했다. PM2.5는 심장과 폐를 공격하는 해로운 오염 물질이다. 버크는 판데믹이 시작된 이후로 온실가스 배출량이 감소하면서 중국 한 곳에서만 5세 이하의 어린이 최소 1400명과 70세 이상의 장년층 5만 1700명의 생명을 구하는 효과가 나타났다고 추정하고 있다. 전 세계의 사람들은 신선하게 부는 바람과 넓어진 자전거 전용 도로, 그리고 새들이 지저귀는 소리가 돌아온 동네의 경험담을 온라인에서 공유하고 있다. 마치 솔닛의 프로젝트가 디지털로 구현되어 퍼지고 있는 것처럼 보인다. 아무리 어려운 재난 속에서도 사람들은 원하면서도 필요하다고 느끼는 미래의 모습을 어렴풋하게나마 들여다보고 있다.

　　이러한 희망적인 징후와 함께 별로 희망적이지 않은 이야기도 나오고 있다. 클라인 《쇼크 독트린》에서 규정한 재난의 유형과 잘 맞는 사례들이다. 제1 유형의 재난이 코로나라면, 제2 유형의 재난은 환경을 지키기에는 미약한 기존의 규정마저도 해체되고 있는 현실이다. 지난 3월 26일 에너지 산업계의 로비로 미국 환경 보호국EPA은 판데믹이 노동력에 미치는 영향을 인정하고, "기업들이 판데믹 상황과의 연관성을 입증할 수만 있다면 오염 규제 위반을 처벌하지 않겠다"고 발표했다. 중국의 환경부는 산업 시설에 대한 환경 영향 평가를 보류하기 시작했다. 플라스틱 산업계의 후원을 받는 단체들은 일회용 비닐 봉투를 대대적으로 홍보하면서, 코로나바이러스가 재사용이 가능한 천 소재보다 비닐에 덜 달라붙는다는 검증되지 않은 주장을 퍼트리고 있다. 2008년의 위기를 되돌아보면, 당시에도 오염 물질 배출량은 감소했었다. 2010년과 2011년에 급격하게 늘어났지만 말이다.

살라몬은 코로나 위기에서 배울 수 있는 한 가지 교훈은 '공유된 정서의 힘'이라고 생각하고 있다. 공유된 정서가 판데믹을 늦추는 급격한 조치를 단행하는 데 도움을 주었다는 뜻이다. "사람들이 서로 전문적인 의학 지식을 주고받았다는 얘기가 아닙니다. 사람들은 서로에게 전화를 걸었고 이런 얘기를 주고받았습니다. '어떻게 지내? 무서워? 나는 무서워. 네가 무사했으면 좋겠고, 우리가 무사했으면 좋겠어.' 기후 문제에 대해서도 그렇게 하기를 바랍니다. 우리가 두려워해야 하는 상황이라는 점을 알아야 하고, 무엇이 두려운지에 대해서도 알아야 합니다." 그렇게 해야 정부가 행동에 나서게 만들 수 있다고 그녀는 주장했다. "우리가 판데믹 비상 모드로 들어간 것은 좋습니다. 하지만 만약 우리가 기후 문제에 대해서도 그렇게 하지 않는다면……" 살라몬은 말끝을 흐렸다.

되돌아가지 않으려는 작은 노력

낙관주의자들의 희망이 실현되려면 어떤 조치가 필요할까? 《심각한 위기를 헛되이 버리지 말라Never Let a Serious Crisis Go to Waste》의 저자인 역사학자 필립 미로우스키Philip Mirowski는 현실 안주의 위험성을 경고한다. "좌파들은 금융 위기 이후 경제를 바라보는 특정한 방식이 완전히 무너졌고, 이러한 사실이 모든 사람들에게 너무나도 명백하게 드러났다고 생각했습니다. 그런데 모든 사람들에게 명백하게 드러나지는 않았습니다. 좌파는 그래서 패한 겁니다." 그렇다면 코로나 이전과 같은 방식으로 작동하는 세계, 그러니까 바이러스는 완전히 사라졌지만 다른 재앙들은 모두 그대로 진행되는 세상으로 되돌아가지 않으려면 어떻게 해야 할까?

데이비스는 이런 해법을 내놨다. "전염병의 정치적인 결과는 다른 모든 정치적인 결과들과 마찬가지로 투쟁으로 결정될 겁니다. 무엇이 문제를 일으켰으며 무엇이 문제를 해결했는지 해석을 둘러싼 싸움을 벌여야 결론이 날 수 있습니다. 할 수 있는 모든 방법을 동원해서 위기에 대한 분석 결과를 내놓아야 합니다." 물론 한 가지 커다란 장애물이 있다. 바로 사회적 거리 두기다. 정치 선전이나 거리 시위처럼 오랜 세월에 의해 검증된 많은 전투 방식들을 행하는 데에는 확실히 방해가 되는 조치다. 클라인은 "모두에게 가장 커다란 위험은 집안에 틀어박혀서 소셜 미디어의 피드나 확인하며 시간을 낭비하는 행동"이라며 "그렇게 한다면 할 수 있는 정치 행위들은 극단적으로 제약될 수밖에 없다"고 말했다.

데이비스는 시위대가 거리로 나올 방법을 찾기를 바라고 있다. 모든 참가자들이 피켓을 들고 3~4미터씩 떨어져서 거리 행동을 벌인다면 드라마틱한 미디어 이미지가 만들어질 것으로 생각하고 있다. 샌디에이고에 살고 있는 데이비스는 대화를 마무리하며 "오후에 시간을 내서 길거리 모퉁이에 피켓을 들고 서서 내가 가진 책임을 다하려고 한다"고 말했다. 피켓에 무엇을 쓸지는 아직 결정하지 못했지만, 이런 문구들을 생각하고 있었다. "간호사 노조를 지지합니다." 또는 "유급 병가를 요구합니다."

솔닛은 전 세계의 사람들이 서로 연결되어 상대를 도울 수 있는 새로운 방법을 찾고 있다는 사실에서 커다란 용기를 얻고 있다고 말했다. 집 밖으로 나갈 수 없는 사람들을 위한 동네 식료품 배달망 구축이나 고령의 이웃을 위해 현관에서 음악을 연주하는 아이들 같은 상징적인 동참 행위들이다. 이탈리아의 정치학자인 알레산드로 델판티Alessandro Delfanti는 바이러스 출현 이후에 미국과 유럽의 아마존 물류 창고에서 연달아 벌어지는 파업의 물결과 이탈리아의 다양한 산업 분야에서 일하는 노동자들이 안전 유지에 필요한 장비를 확보하기 위해 서로 돕는 행동에서 희망을 보고 있다고 말한다.

다음에 일어날 일은 낙관주의자들의 능력에 달려 있는지도 모른다. 그들에게는 연대의 순간들을 보다 넓은 정치의 영역으로 이동시킬 수 있는 힘이 있기 때문이다. 다른 모든 문제들을 고치려는 최소한의 노력도 하지 않으면서 코로나 문제를 다루려 하는 것은 말이 안 된다고 주장하며, 사람들이 공유한 자원이 보다 많은 사람들을 위해서 더 많이 쓰이는 세계를 만들어야 한다고 말하는 힘 말이다. "우리는 끔찍함 속에 감춰진 채 다가온 놀라움, 슬픔에 싸인 기쁨, 두려움에 싸인 용기와 정서를 표현하기 위한 언어조차 갖고 있지 않다." 《이 폐허를 응시하라》에서 솔닛은 이렇게 썼다. "우리가 재앙을 환영할 수는 없지만, 현실적이고 심리적인 대응의 가치를 평가할 수는 있다."

지금 당장의 세계는 끔찍할 정도로 낯설게 느껴진다. 변화의 속도가 너무 빠르다거나, 누군가가 언제든 병에 걸릴 수 있다거나, 이미 바이러스를 갖고 있지만 모르고 있을 수도 있는 상황 때문만은 아니다. 지금이 낯설게 느껴지는 이유는 지난 몇 주의 기간 동안 아무리 거대한 무언가도 언제든 달라질 수 있다는 사실이 드러났기 때문이다. 불안하면서도 해방감을 주는 이 단순한 진실은 쉽게 잊힐 수 있다. 우리는 지금

영화를 보고 있는 것이 아니다. 우리는 모두 함께 영화의 시나리오를 쓰고 있다. 이 영화가 끝날 때까지.

주

1 _ 1381년 세금 인상에 항의하며 일어난 영국 농민 반란은 진압되었지만 파급력은 컸다. 이후 영국의 농노제 폐지에 영향을 미쳤다는 평가가 많다.

2 _ 마크 트웨인(Mark Twain)이 자전적 수필인 〈내 자서전의 몇 가지 장들(Chapters from My Autobiography)〉에서 "거짓말에는 세 가지 종류가 있다. 거짓말, 빌어먹을 거짓말, 그리고 통계다"라고 쓰면서 유명해진 표현이다.

3 _ 그린피스는 선명한 명분을 가지고 있지만, 때로는 군사 조직과도 같은 과격한 행동주의로 비판을 받기도 한다. (역자 주)

북저널리즘 인사이드   위기 뒤엔 기회가 온다

이 정도일 줄은 아무도 몰랐다. 코로나19가 처음 세상에 알려진 날은 2019년 12월 31일이다. 중국 후베이성 우한에서 신종 폐렴 환자 27명이 발생했다는 소식이었다. 이때만 해도 다들 중국 어느 지방의 전염병 정도로만 여겼다. '신종'이라는 단어보다 '폐렴'이라는 단어에 더 주목했다. 걸릴 일도 없고, 걸려도 약 먹으면 낫는 줄 알았다.

거의 1년이 지났다. 2020년 12월 현재 전 세계 코로나 확진자는 6000만 명을 넘어섰다. 사망자도 150만 명에 다다르고 있다. 숫자도 엄청나지만, 그 뒤에 숨은 현실은 더 처절하다. 병상은 모자라고, 시신이 곳곳에 쌓였다. 스포츠 현장같은 군중의 모임은 사회악이 됐다. 각 나라는 자국민 보호를 위해 국경을 봉쇄했다. 여행사를 비롯한 많은 회사들은 구조조정을 시작했다. 실직과 해고, 취업난이 잇따랐다. 학교와 상점은 문을 닫았다. 사람들의 지갑이 얇아지고, 각국 정부는 곳간을 열고 돈을 풀어 지원책을 쏟아내고 있다. 그 대가로 전세계가 올해 9월까지 역대 최다인 30경 2800조 원이라는 막대한 빚을 지게 됐지만 말이다.

살기 위해, 사람들은 변했다. 얼굴의 반을 가린 마스크는 당연해졌다. 사회적 거리 두기는 일상이 됐다. 모임은커녕 지인과 쉽게 대화도 나누지 않는다. 식사는 투명 칸막이를 앞에 두고 이뤄진다. 과거처럼 기침이나 재채기를 허공에 해댔

다가는 '미개인' 소리를 듣는다. 전에 없던 일들이 계속 벌어지지만 대부분은 참고 견딘다. 코로나에 대한 두려움, 그리고 코로나가 없어진 세상을 향한 희망을 갖고 있기 때문이다.

다행히 백신 개발 소식이 들려온다. 빠르면 연말, 늦어도 내년이면 백신 접종이 가능하리라는 전망이 나온다. 백신 생산 물량, 가격, 최우선 접종 대상 같은 구체적인 얘기들도 오간다. 어렴풋하지만, 마스크를 벗어도 되는 시기가 다가오고 있다는 사실은 분명하다. 그러면 코로나 이후의 세상은 어떤 모습일까. 자연스럽게 상처를 회복하고 2019년 11월처럼 살 수 있을까. 아무 일 없었다는 듯 지내도 괜찮은 걸까?

"위기 뒤 기회"라는 야구 격언이 있다. "실점 위기를 무사히 넘기면 득점 찬스가 온다"는 뜻이다. 기회를 날린 팀의 실망감, 위기를 극복한 팀의 올라간 사기 등 많은 이유가 있겠지만, 격언치고는 꽤나 적중률이 높다. 코로나로 위기를 맞은 지금도 마찬가지다. 처절한 현실을 어떻게 받아들이고 극복하느냐에 미래가 완전히 달라질 수 있다. 《가디언》도 이 점에 주목했다.

〈불가능은 이미 일어났다〉는 코로나로 드러난 보수주의와 정치 지도층의 민낯을 고발하고, 다양성과 사회 복지 시스템이 확장된 코로나 이후의 세상을 얘기한다. 〈여행의 종말〉은 죽어가던 환경을 되살린 코로나의 역설과 함께, 지속가능한 관광 산업의 방향을 제시한다. 〈사실인가 감정인가〉는 코로나를 핑계로 무분별하게 '가짜 뉴스'를 퍼뜨린 모습들을 지적하며, 이성과 정확한 판단의 중요성을 강조한다. 〈군중의 힘〉은 코로나로 흩어질 수밖에 없었던 군중이 다시 힘을 합쳐야 앞으로 더 나은 세상을 만들 수 있다고 역설한다. 〈코로나 이후의 세계〉는 코로나 위기가 전체주의를 극복하고 시민의식을 회복하는 정치적 진전을 향한 관문이 될 수 있다고 기대한다.

지금 자라나는 아이들을 두고 '코로나 세대', '마스크 세대'라고 부르곤 한다. 타인과의 거리를 중요시하고, 실제 만남보다 화상 연결이 편하며, 맨얼굴보다 마스크가 더 익숙한 세대다. 지인의 어린 자녀는 가족 그림에 꼭 마스크를 그려 넣는다고 한다. 세상 물정도 다 익히지 못한 채 코로나를 온몸으로 겪은 이 아이들이 자라난 먼 미래는 분명히 지금과 다를 것이다. 그리고 그 미래는 지금의 어른들이 코로나가 사라지고 난 다음을 어떻게 다시 잘 만들어 나가느냐에 달려 있다. 《코로나는 기회다》가 얘기하는 다가올 앞날에 대한 대비와 통찰력이 필요한 이유다.

정세영 에디터